孟加拉湾出海口大直径水下盾构隧道施工技术创新与实践

韩晓明 李 聪 杨 钊 编著
严小卫 主审

人民交通出版社股份有限公司
北 京

内 容 提 要

本书依托共建"一带一路"示范项目——孟加拉国卡纳普里河底隧道项目,从孟加拉湾入海口地质条件、大直径水下盾构设备配置、管片预制及海陆运输、超大直径钢套筒辅助工法和盾构掘进控制、平移转体施工和关键技术问题处置等方面阐述了修建孟加拉国首条水下隧道的技术创新和实践。

本书可供从事盾构隧道施工的工程技术人员学习参考。

图书在版编目(CIP)数据

孟加拉湾出海口大直径水下盾构隧道施工技术创新与实践 / 韩晓明,李聪,杨钊编著. — 北京:人民交通出版社股份有限公司,2022.12
ISBN 978-7-114-18176-4

Ⅰ. ①孟… Ⅱ. ①韩… ②杨… ③李… Ⅲ. ①孟加拉湾—水下隧道—隧道施工—盾构法 Ⅳ. ①U459.5

中国版本图书馆 CIP 数据核字(2022)第 155712 号

Mengjiala Wan Chuhaikou Dazhijing Shuixia Dungou Suidao Shigong Jishu Chuangxin yu Shijian

书　　　名:	孟加拉湾出海口大直径水下盾构隧道施工技术创新与实践
著　作　者:	韩晓明　李　聪　杨　钊
责任编辑:	崔　建
责任校对:	赵媛媛
责任印制:	张　凯
出版发行:	人民交通出版社股份有限公司
地　　　址:	(100011)北京市朝阳区安定门外外馆斜街 3 号
网　　　址:	http://www.ccpcl.com.cn
销售电话:	(010)59757973
总　经　销:	人民交通出版社股份有限公司发行部
经　　　销:	各地新华书店
印　　　刷:	北京虎彩文化传播有限公司
开　　　本:	720×960　1/16
印　　　张:	13.75
字　　　数:	255 千
版　　　次:	2022 年 12 月　第 1 版
印　　　次:	2022 年 12 月　第 1 次印刷
书　　　号:	ISBN 978-7-114-18176-4
定　　　价:	109.00 元

(有印刷、装订质量问题的图书,由本公司负责调换)

编 委 会
Editorial Board

编　　著

韩晓明　李　聪　杨　钊

参编人员(按姓氏笔画排序)

马　超	于　锦	邓志强	刘　杰	刘　华	刘朋飞
刘东军	许　超	孙　恒	任梦江	鸿	吕挚励
朱宏欣	朱金彭	朱贵胤	朱俊涛	何　源	杨　林
杨　睿	杨　擎	杨志勇	杨　钊	邱　敏	肖　靖
张子平	张瑞元	张飞雷	陈培帅	陈世豪	李德杰
李雪松	李嘉成	李家洋	宋相帅	罗会武	赵　旭
项　梁	贺祖浩	贺创波	饶为胜	钟　涵	袁　青
徐　新	徐　精	高如超	姬付全	唐祖阳	黄　威
黄文杰	梁晓腾	喻成成	曾德星	曾旭涛	韩晓明
嵇建雷	温博为	熊齐欢	熊栋栋		

编写单位

主编单位:中交第二航务工程局有限公司

参编单位:中国路桥工程有限责任公司

　　　　　中交第二公路勘察设计研究院有限公司

　　　　　同济大学

作者简介

韩晓明

硕士,一级建造师,高级工程师,中交第二航务工程局南京建设有限公司副经理。工作20年以来,先后参加建设了常澄高速公路、杭州湾跨海大桥、青荣城际铁路、南京纬三路过江通道、佛山轨道交通、孟加拉国卡纳普里河底隧道等十余个项目,获得中交第二航务工程局"海星奖""优秀管理者"称号、中交第二航务工程局十一届"十大杰出青年"称号、"南京市五一劳动奖章"荣誉称号,获得中交集团级以上工法1项,获得国家授权专利9项,发表核心及以上论文5篇。

李 聪

学士,高级工程师,中交(南京)建设有限公司党委副书记、总经理。工作20年来,先后参加建设了河南新郑高速公路、杭千高速公路、南通洋口人工岛三期、青荣城际铁路、马来西亚东海岸铁路、以色列阿什杜德港码头及防波堤工程、佛山地铁2号线等多个项目,主持和重点参与的以色列阿什杜德港码头及防波堤工程,实现了中长周期波浪条件下码头桩基的精确、高效、环保施工,并获得"中国交建科技进步一等奖"。获得国家授权专利3项,发表核心及以上论文4篇。

杨　钊

博士,教授级高级工程师,中交第二航务工程局有限公司技术中心副总经理,中国公路学会科技英才,广州轨道交通盾构技术研究所专家,湖北省有突出贡献中青年专家,中交第二航务工程局十大杰出青年,入选《中国盾构党员先锋谱》。长期从事隧道与地下工程、盾构工程与盾构机技术研究和指导工作。主持过南京纬三路过江通道、武汉两湖隧道南湖段和多条轨道交通工程等工程筹划与组织、施工过程控制、工程安全风险技术体系。发表核心及以上论文50余篇,申请专利60余项,2022年杨钊创新工作室入选武汉市职工(劳模、工匠)创新工作室联盟。

Foreword 前言

吉大港市是孟加拉国第一大港口和第二大城市,也是孟加拉国的经济中心。卡纳普里河自北向南穿过吉大港市注入孟加拉湾,将该市一分为二。由于通航的要求,该河河口不适合建设桥梁。向南距离吉大港100余公里的考克斯巴扎市是孟加拉国著名旅游城市,从首都达卡通往考克斯巴扎市的公路需要绕行吉大港市区,交通现状严重制约了吉大港市和孟加拉国东南部经济的发展。

卡纳普里河底隧道是该国修建的首条水下盾构隧道。在建设环境复杂且艰苦的条件下,中国交通建设集团有限公司迎难而上,承接了这一光荣而艰巨的建设任务。2014年6月,孟加拉国总理谢赫·哈西娜访华期间,两国元首会谈达成了关于推动卡纳普里河河底隧道项目建设的谅解备忘录;2015年,中国路桥代表中国交通建设集团各参建单位,在两国交通部长见证下完成了孟加拉国卡纳普里河公路隧道项目签约,"我们要把这个项目打造成共建'一带一路'的示范工程……"孟加拉国总理哈西娜在签约完成后表示。

2018年3月19日,首台出口海外的大直径盾构机在江苏常熟工厂正式下线;2019年2月24日,盾构机从孟加拉国吉大港西岸工作井顺利始发;2020年12月12日,项目技术管理团队完成了左线隧道掘进工作,2000吨级大盾构机在工作井内整机平移转体,从东岸工作井成功始发进行右线隧道施工;2021年10月7日,历时10个月完成右线隧道掘进,成功实现双线贯通。截至目前,隧道内部结构施工正如火如荼进行,预计于2023年实现全线通车运营。项目建成后,两岸通行时间将由原来的4个多小时缩减到20min,从吉大港至考克斯巴扎市也将节省至少2h,将大大改善区域交通条件,带动孟加拉国经济发展,有助于完善亚洲公路网,促进孟加拉国与周边国家的互连互通,对于落实"一带一路"倡议、建设孟中印缅经济走廊具有重要意义。

项目路线全长9293.095m,其中主体工程全长为3315m。盾构段为2450m,采用双管四车道盾构方案。该项目采用中国规范设计,双向四车道标准,车道宽度3.65m,设计速度80km/h。设计使用年限100年,耐火等级一级。工程最大重难点是穿越卡纳普里河底的隧道工程,这条以孟加拉国国父命名的大直径盾构隧道由中交第二航务工程局负责施工,采用中交天和设计制造的具有完全自主知识产权的12m级大直径盾构机,这也是中国首台出口海外的大直径泥水平衡式盾构机。项目建设过程中并非一帆风顺,在河底隧道施工中面临三大"拦路虎"的巨大挑战:浅覆土条件强渗透性地层盾构始发接收、上软下硬地层盾构姿态控制、千吨级盾构机井内整体平移转体。项目技术管理团队依托中交第二航务工程局国家级企业技术中心科技研发平台和高校、科研院所专家团队的力量,在行业相关领军专家的指导下,克服了项目建设中的一系列困难。

本书详细介绍了卡纳普里河底隧道盾构施工的工程地质条件,全面论述了盾构机在近海地域富水粉细砂、海相沉积铁板砂和软塑状黏性土的复合地层中施工控制技术。分章节对大直径盾构始发及接收技术现状、盾构及配套设备选型、衬砌管片预制运输和修补、钢套筒辅助盾构进出洞技术、盾构穿江施工、千吨级盾构整机调头、水下接收施工技术及过程中遇到的典型技术问题和解决过程进行了详细论述。其中针对大盾构姿态控制、成型隧道管片裂缝、管片上浮、盾尾刷适应性和软土盾构刀具磨损和优化配置等行业内普遍存在的技术难题和质量通病,介绍了该类问题出现的基本情况、主要原因、处理对策及事实经过和效果,总结了解决问题的对策和方法。同时,在提炼项目参建各方实施过程中经验教训的基础上,立足于施工单位作为项目具体实施者角度,对本项目和大直径盾构隧道施工技术创新进行回顾和展望,希望能够为今后中国盾构施工技术走出国门提供一定借鉴,为国内外同类项目在类似地层实施提供有益参考。

本书由韩晓明、李聪、杨钊策划编写,中交第二航务工程局技术中心组织各参与方完成具体编写工作。工程设计和设备制造方面内容参考了设计单位、设备厂家和建设单位提供的相关图纸资料,施工内容素材和原始数据由项目技术管理团队提供。全书由高如超、姬付全、许超统稿,陈培帅、茅兵海定稿。

限于作者水平,本书纰漏与不足之处在所难免,敬请广大读者批评指正。

作 者

2022年3月于湖北武汉

Contents 目录

第 1 章　绪论 …… 001

1.1　国内外大直径盾构施工技术研究现状 …… 002
1.2　项目背景及概况 …… 007
1.3　工程特点及重难点 …… 009
1.4　区域地质特征 …… 010
1.5　工程地质条件 …… 011
1.6　水文地质条件 …… 016

第 2 章　盾构及配套设备选型 …… 019

2.1　盾构设备选型 …… 020
2.2　泥水处理系统选型 …… 036
2.3　后配套适应性设计及优化 …… 038
2.4　现场应用情况 …… 052

第 3 章　衬砌管片预制、运输及修补 …… 053

3.1　衬砌管片模具 …… 054
3.2　衬砌管片预制 …… 055
3.3　衬砌管片运输 …… 060
3.4　衬砌管片修补 …… 065

第 4 章　大直径钢套筒辅助盾构进出洞技术 …… 079

4.1　端头加固技术 …… 080

4.2 盾构及钢套筒组装 ⋯⋯⋯⋯⋯⋯⋯⋯⋯⋯⋯⋯⋯⋯⋯⋯⋯⋯⋯⋯⋯⋯⋯ 082

4.3 盾构调试及验收 ⋯⋯⋯⋯⋯⋯⋯⋯⋯⋯⋯⋯⋯⋯⋯⋯⋯⋯⋯⋯⋯⋯⋯⋯ 094

4.4 盾构始发 ⋯⋯⋯⋯⋯⋯⋯⋯⋯⋯⋯⋯⋯⋯⋯⋯⋯⋯⋯⋯⋯⋯⋯⋯⋯⋯⋯⋯ 096

4.5 盾构接收 ⋯⋯⋯⋯⋯⋯⋯⋯⋯⋯⋯⋯⋯⋯⋯⋯⋯⋯⋯⋯⋯⋯⋯⋯⋯⋯⋯⋯ 102

4.6 本章小结 ⋯⋯⋯⋯⋯⋯⋯⋯⋯⋯⋯⋯⋯⋯⋯⋯⋯⋯⋯⋯⋯⋯⋯⋯⋯⋯⋯⋯ 111

第 5 章　陆域及穿江掘进施工技术　　113

5.1 上软下硬地层掘进 ⋯⋯⋯⋯⋯⋯⋯⋯⋯⋯⋯⋯⋯⋯⋯⋯⋯⋯⋯⋯⋯⋯⋯ 114

5.2 盾构穿江堤掘进 ⋯⋯⋯⋯⋯⋯⋯⋯⋯⋯⋯⋯⋯⋯⋯⋯⋯⋯⋯⋯⋯⋯⋯⋯ 116

5.3 长距离密实粉细砂地层掘进 ⋯⋯⋯⋯⋯⋯⋯⋯⋯⋯⋯⋯⋯⋯⋯⋯⋯⋯⋯ 119

第 6 章　千吨级盾构调头技术　　125

6.1 施工工艺流程 ⋯⋯⋯⋯⋯⋯⋯⋯⋯⋯⋯⋯⋯⋯⋯⋯⋯⋯⋯⋯⋯⋯⋯⋯⋯ 126

6.2 盾构转场施工准备 ⋯⋯⋯⋯⋯⋯⋯⋯⋯⋯⋯⋯⋯⋯⋯⋯⋯⋯⋯⋯⋯⋯⋯ 127

6.3 盾构带钢套筒平移 ⋯⋯⋯⋯⋯⋯⋯⋯⋯⋯⋯⋯⋯⋯⋯⋯⋯⋯⋯⋯⋯⋯⋯ 131

6.4 盾构带钢套筒转体 ⋯⋯⋯⋯⋯⋯⋯⋯⋯⋯⋯⋯⋯⋯⋯⋯⋯⋯⋯⋯⋯⋯⋯ 133

6.5 本章小结 ⋯⋯⋯⋯⋯⋯⋯⋯⋯⋯⋯⋯⋯⋯⋯⋯⋯⋯⋯⋯⋯⋯⋯⋯⋯⋯⋯⋯ 134

第 7 章　大直径盾构水下接收技术　　135

7.1 水下接收前提及必要性 ⋯⋯⋯⋯⋯⋯⋯⋯⋯⋯⋯⋯⋯⋯⋯⋯⋯⋯⋯⋯⋯ 136

7.2 水下接收施工准备 ⋯⋯⋯⋯⋯⋯⋯⋯⋯⋯⋯⋯⋯⋯⋯⋯⋯⋯⋯⋯⋯⋯⋯ 136

7.3 水下接收施工工艺 ⋯⋯⋯⋯⋯⋯⋯⋯⋯⋯⋯⋯⋯⋯⋯⋯⋯⋯⋯⋯⋯⋯⋯ 141

7.4 水下接收经验总结 ⋯⋯⋯⋯⋯⋯⋯⋯⋯⋯⋯⋯⋯⋯⋯⋯⋯⋯⋯⋯⋯⋯⋯ 145

第 8 章　大直径盾构施工关键技术问题　　147

8.1 管片裂缝分析与研究 ⋯⋯⋯⋯⋯⋯⋯⋯⋯⋯⋯⋯⋯⋯⋯⋯⋯⋯⋯⋯⋯⋯ 148

8.2 盾构掘进姿态纠偏 ⋯⋯⋯⋯⋯⋯⋯⋯⋯⋯⋯⋯⋯⋯⋯⋯⋯⋯⋯⋯⋯⋯⋯ 157

8.3 尾盾变形矫正分析与研究 ⋯⋯⋯⋯⋯⋯⋯⋯⋯⋯⋯⋯⋯⋯⋯⋯⋯⋯⋯⋯ 163

8.4 刀盘及刀具适应性分析 ⋯⋯⋯⋯⋯⋯⋯⋯⋯⋯⋯⋯⋯⋯⋯⋯⋯⋯⋯⋯⋯ 169

8.5 盾尾刷适应性分析 ⋯⋯⋯⋯⋯⋯⋯⋯⋯⋯⋯⋯⋯⋯⋯⋯⋯⋯⋯⋯⋯⋯⋯ 185

8.6 本章小结 ……………………………………………………… 191

第9章 项目回顾与大直径盾构技术展望 193

9.1 大直径盾构施工关键技术重难点思考 ………………………… 194
9.2 盾构隧道施工建造技术创新展望 ……………………………… 196

参考文献 ………………………………………………………… 201

CHAPTER ONE

第1章

绪论

1.1 国内外大直径盾构施工技术研究现状

1.1.1 盾构掘进姿态研究现状

推进系统作为盾构的关键子系统不仅需要提供足够的驱动力以克服作用在刀盘正面的土压力、盾壳上的摩擦力、盾尾密封刷的摩擦力等阻力驱动盾构前进,还需要通过控制盾构推进姿态保证盾构沿隧道设计轴线掘进。盾构推进系统的推进液压缸通常采用分区控制方式,通过控制不同分区液压缸的行程,控制盾构的姿态。

盾构机运动轨迹与隧道设计轴线的位置偏差大小直接影响隧道施工质量。由于盾构掘进过程中地层不均和盾构自身结构原因,盾构轨迹失准问题是困扰盾构施工的众多难题之一,对施工过程中盾构机的姿态进行测量和控制是确保盾构按设计轴线掘进的关键。盾构在地层中掘进时,会发生俯仰、横摆、扭转3种运动。为描述盾构掘进机当前的位置和姿态,除了需要明确盾体上某确定点在坐标系中的位置外,还需要测定盾体的俯仰角、横摆角、扭转角。

盾构位姿测量是对盾构的位姿进行调整和控制的前提条件。目前盾构位姿测量主要有人工测量和自动导向系统测量两种方式。自动导向系统按照工作原理和测量方式的不同,分为陀螺仪导向系统和激光导向系统两类。盾构法隧道施工中,盾构推进姿态和掘进轨迹主要通过盾构操作人员根据盾构轨迹跟踪误差人工进行调整,盾构掘进精度受到操作人员经验等主观因素影响,且调整作用滞后,盾构蛇行现象严重,隧道施工质量较难得到保证。随着自动控制技术的发展,国内外研究人员试图在盾构姿态调整过程中引入自动控制技术,以取代人工控制。1987 年,日本学者酒井邦登等将卡尔曼滤波理论用于盾构姿态的预测和控制,通过分析掘进非正常运动和盾构中心位置变化之间的物理关系,根据两个模型参数辨识和地质情况的相关分析,发现盾构机的运动特性和地质的硬度、弹性系数有很强的相关性,建立了用于预测盾构机位置自回归模型。1988 年桑原洋等首次提出了单向推进度的概念,根据人工经验设计了模糊控制器,尝试将模糊控制理论应用于盾构姿态控制。仓冈丰将采用模糊控制理论的盾构姿态控制系统应用至福市高速铁道的施工过程中,是文献可查的盾构姿态自动控制系统首次在实际隧道施工中进行尝试性应用。1992 年清水贺之等在分析了隧道施工中盾构的掘进与运动规律的基础上,忽略非线性因素影响,建立了盾构掘进运动数学解析模型,并设计了采用现代控制理论的姿态控制系统。浦泽仪等将采用模糊理论和人工智能的盾构自动控制系统应用于某隧道施工中,并对比分析了熟练工人和自动控制系统各自单独控制盾构掘进一段隧道时的轨迹控制精度,结果表明自动控制系统的盾构轨迹控制精度更高。近年来,国内的研究人员在盾构轨迹规划和姿态控制等方面开展了大量研究工作。胡珉等首次将模糊控制方法尝试应用于上海轨道交通二号线隧道盾构轨迹控制。大连理工大学杨霞分析了盾构载荷对盾构姿态的影响规律,推导了盾构掘进动力学模型,并提出了盾构姿态模糊变结构控制方法;凌研方提出了盾构掘进机的轨迹规划算法,分析了最小转弯半径对轨迹规划的影响,并进行了仿真分析;岳明在建立盾构姿态调整过程中的动力学模型基础上,提出了采用滑模鲁棒控制器的盾构姿态和轨迹自动控制系统以及基于载荷观测器的盾构姿态动态协调控制系统,并进行了仿真研究。浙江大学的一些研究人员在盾构姿态电液控制系统方面开展了一些研究工作,段小明建立了双缸系统在任意推进行程的运动学模型,建立了自动轨迹跟踪控制系统,并在推进模拟试验台验证了盾构在不同工作模式下多执行机构自动轨迹跟踪控制效果。施虎针对盾构推进液压缸的同步控制,提出了以位移控制为基础的多缸推进系统主从同步控制策略,并从压力和速度控制特性、多缸同步控制特性等方面对两种典型结构形式的推进液压系统做了对比研究。侯典清提出了以位移控制为基础的双闭环反馈盾构掘进姿态控制系统,分析了单环掘进各分区推进液压缸的行程关系、相邻掘进环之间的液压缸位移与掘进斜度关系,提出了推进系统各分区液压缸速度与设计轴线的解析关系,对非均匀载荷条件下推进液压缸速度精准控制进行了仿真分析。

1.1.2 盾构始发、接收及钢套筒辅助设备研究现状

通过几十年的工程实施与技术钻研,盾构法隧道施工中存在的众多的施工或者技术问题,如设计隧道衬砌管片问题、管片拼装缝隙防水问题、隧道中心轴线的偏差问题、控制地表沉降满足实际需要的问题等一系列问题都得到了一定程度的解决,同时也获得了丰富的施工作业经验,然而盾构在竖井内的始发与接收技术问题一直是危害隧道施工安全的重大问题。不管是软黏土,还是通常遇到的富水砂层,都缺乏防水性与自立性。在这种地层中掘进时,如果产生临空面,地层土体就会发生严重的坍塌和突水涌砂的问题,这时最重要的是对端头土体进行必要的加固。

在过去的盾构法施工的工程中,出洞以及进洞部位的端头土体加固,都是以注浆为主。随着最近盾构地铁隧道的设计埋深以及设计断面直径越来越大,一

般注浆加固手段迫切需要提升。端头加固方法和端头加固范围是盾构始发端头加固研究的主要内容。现阶段有多种端头加固法可以选择,但对加固范围没有公认的理论基础。加固范围的确定主要依靠工程经验保守取值,研究不够完善。当前盾构始发端头土体的加固方法主要是型钢水泥土搅拌(SMW)法、深层搅拌桩法、分层注浆法、高压旋喷法、冻结法、降水方法等。

从盾构隧道开挖面稳定性到端头土体开挖面稳定性的研究,许多专家学者逐步研究改进盾构接收工法,提高盾构接收工程的安全性。传统盾构接收的主要流程包括端头土体加固、基座安装、洞门密封装置安装、洞门凿除、盾构推进等,其中盾构接收的重点是端头土体的加固;通过物理或化学的方法,如降水法、冷冻法、搅拌桩法、高压旋喷桩法等,增加盾构接收端的土体强度和抗渗性,避免接收井外水土伴随盾构的推进涌进接收井内而引起的地表塌陷等工程事故。

针对端头土体加固,土体极限平衡理论和日本 JET GROT 协会(JJGA)提出的板块理论分别给出了端头土体横向及纵向长度加固范围。张庆贺结合工程实践也给出了端头土体加固范围的解析解。孙振川则认为在含水软土层,端头土体纵向加固长度应为盾构机主机长度加上 $1.5 \sim 2m$;而在砂性地层端头土体纵向加固长度应为盾构机主机长度加上 $1 \sim 1.5m$。胡新朋基于加固后的土体强度均会大于 $1.5MPa$ 的施工经验,认为盾构进出洞的端头土体合理加固长度应为 $3.5m$。此外,辛振省、侯永峰等结合工程案例采用有限元分析方法,从应力场、位移场、破坏场等方面分析了不同加固范围下盾构始发过程中端头土体的稳定性,同时给出了合理的端头土体加固范围。

混凝土箱接收也是压力平衡接收的一种方法。吴秀国以广州某地铁隧道施工时混凝土箱内填土进行的盾构土中接收为背景,认为混凝土箱接收能够有效降低盾构接收的风险,同时具有占地面积小等优点,采用混凝土箱接收可以减少端头加固以及管线改迁等问题。夏站辉结合天津地铁 3 号线富水承压软弱地层中的盾构接收工程,研究认为在混凝土箱中进行盾构接收具有较高的安全性,适用于复杂环境下的盾构接收工程。

同样基于压力平衡接收的理论,钢套筒接收方法应运而生。钢套筒是一端开口,另一端密封的钢制筒状结构。钢套筒在现场拼装完成后,先将开口端焊接于洞门上,形成一个密封的空间,再往筒内填充砂、水、泥浆等填充物来平衡洞门处井壁内外的压力,从而模拟盾构在地层中掘进。最后盾构破除洞门进入钢套筒,盾构在压力平衡状态下顺利完成接收,避免了涌水涌砂的事故。钢套筒接收方法对比水中接收、混凝土箱接收,仅在洞门外延长一段筒身长度,占地面积小,安全性高,同时由于是拼装结构,可以多次重复使用,节省资源和成本。目前钢套筒接收方法被越来越多地应用到各类盾构接收工程中。钢套筒接收方法由于仅在接收井内布置一段筒体,具有较好的适用性,可以配合各类端头加固方法组合使用,更好地保障盾构接收时的安全。钢套筒接收配合化学方法端头加固方面,朱英伟依托东莞地铁2号线某盾构接收工程,研究认为素混凝土地连墙和双管旋喷桩加固后仍无法保证盾构接收安全的情况下,可以配合采用钢套筒方法辅助盾构接收。李军结合工程实例研究认为双高压旋喷(RJP)桩加固方法具有可靠的加固效果,而钢套筒辅助接收方法具有较好的安全性和止水性,两者组合使用能解决承压水地层盾构接收问题。李文通过方案比选认为在端头土体加固不具备或不完全具备施工条件时,钢套筒接收配合素混凝土地连墙接收方法在工期及成本上更具优势。同样的,孟善宝以天津地铁6号线某盾构接收工程为背景,采用高压旋喷桩端头加固和钢套筒辅助接收的组合,实现了承压水砂层中盾构的接收。钢套筒接收配合物理方法端头加固方面,富水地层的盾构接收中冷冻法配合钢套筒使用是较常见的方法。逯建栋依托天津地铁某盾构接收工程,在水平冷冻法端头加固效果无法保证的情况下配合使用钢套筒进行盾构接收,认为钢套筒接收工法不仅适用于泥水平衡盾构,也适用于土压平衡盾构。夏晨欢结合上海轨道交通11号线某区间盾构进洞工程,认为在狭窄场地无法进行水泥系端头加固的情况下,可以采用垂直冷冻配合钢套筒接收方法实现在狭窄场地下的盾构接收;富水地层采用冷冻法端头加固后盾构接收工程风险仍然较大的情况下,配合钢套筒接收能有效降低盾构接收时涌水涌砂的风险。

因此,钢套筒接收方法与端头加固组合使用能够有效降低盾构接收工程的风险。而当受工程场地限制部分工程无法进行端头加固的情况下,钢套筒接收方法也能单独使用,实现无端头加固下的盾构接收。

1.1.3 盾构施工质量控制研究现状

在盾构施工中由于地层多样性、地下水的影响等导致在施工过程中出现的施工问题也是多种多样的,其中较为常见的是管片上浮现象。在盾构施工阶段,刚刚脱离盾尾的管片在同步浆液未能凝固的情况下出现局部或整体上浮,表现为管片的错台、破损及裂缝等,极大地影响成型隧道的质量。

目前,针对管片上浮方面问题已有不少学者开展了研究。叶飞等以软土地层为背景,对施工期盾构隧道存在的上浮问题产生机理及控制计算开展研究,提出了"局部抗浮计算模式"及"纵向整体抗浮计算模型",为管片上浮研究提供支持;胡辉以成都地铁7号线为依托,采用数值模拟方法对管片进行离散化处理,分析了地下水浮力大小、注浆体弹性模量、注浆压力大小对管片上浮的影响；张军以青岛地铁盾构施工实例，分析造成管片上浮的主要因素，经过理论研究和实践，形成了一套控制管片上浮行之有效的施工技术；钱浩等以深圳地铁7号线某盾构区间在掘进过程中出现的盾构机盾体及管片上浮问题为背景，论述了黏土地层的微膨胀性，分析了其对盾构掘进产生的影响，并提出了相关建议措施；戴志仁将盾尾后方管片受到的上浮力分为动态上浮力及静态上浮力，并推导了相应的计算公式；沈征难以广州地铁3号线为工程背景，分析了管片上浮的原因，并结合现场施工经验制订了相应的控制措施，取得了一定的控制效果；季昌通过现场试验的方法，分析了盾构掘进速度、同步注浆压力、总推力反力的竖向分力等对盾构施工参数及同步浆液配比对管片上浮的影响规律。

针对管片出现的裂缝问题，吕青山、李立新等分析了地铁盾构衬砌管片在加载过程中裂缝产生的影响因素；农兴中通过盾构隧道开裂管片计算分析，认为超挖与注浆不足是管片开裂的诱因之一；何川、刘川昆等通过室内模型试验分析了裂缝数量对管片结构力学性能的影响；曹淞宇、王士民等分析了裂缝位置对管片破坏形态的影响；刘川昆、何川等通过盾构隧道管片结构破坏模式模型试验，主要研究了不同裂缝长度下管片的受力情况及其承载能力；李庆桐通过软土地层地铁盾构隧道结构病害数值模拟及分析，对软土地层各项参数对管片裂缝病害的影响进行了研究；蔡茂涛、丁庆军等通过对武汉长江隧道管片在生产中出现的裂缝进行分析与控制，并对内弧面、侧面、外弧面的裂缝进行大量试验研究，摸索出裂缝产生的根本原因。

针对大直径盾构管片渗漏水问题，近年来，已有不少专家学者结合既有工程进行了渗漏水原理、成因、防治工艺、防水材料等方面研究。薛海涛等介绍了武汉轨道交通11号线盾构区间管片的渗漏情况，并分析管片渗漏原因主要为：①设置密封垫的沟槽部位混凝土不密实，有水泡、气泡等缺陷；②密封垫粘贴质量不好或拼装过程中部分脱落，未形成闭合的防水圈；③管片脱出盾尾后，由于管片上浮使管片错台量大于最大设计值10mm，使相邻两管片间密封垫错开，导致有效接触面不够；④管片衬砌背后注浆不饱满，局部接缝水压力过大。王峰等介绍了广州某地铁盾构施工中出现的大量渗漏水情况，并分析管片渗漏原因主要为：①管片衬背注浆不饱满；②盾构掘进姿态不好，造成止水条不能正常吻合；③管片拼装质量控制不严格；④转弯处转弯环选型不准确；⑤管片上浮或侧移；⑥盾构机局部设计不合理。魏纲等介绍了上海地铁盾构段渗漏水为地铁隧道主要病害，其主要原因按施工前、施工期间、施工后划分。施工前间因素主要为地质、管片质量、密封垫质量；施工期间因素主要为运输、拼装、掘进姿态、封孔质量及壁厚注浆等;施工后因素主要为隧道长期不均匀沉降。李岳对盾构管片错台、接缝、渗漏水等现象进行了实测实量,并结合隧道轴线偏移量和管片椭圆度分析了各因素之间的关系,提出盾构姿态、管片环椭圆度的变化与隧道错台、接缝及渗漏呈正相关性;渗漏水的外在表现形式主要为环缝渗漏,封顶块较其他管片渗漏明显,且集中在管片角部。

1.2 项目背景及概况

1.2.1 工程背景

卡纳普里河上目前仅有两座桥梁,已经无法满足日益增长的交通流量需求,而河床泥沙淤积则已经成为新桥建设的一个巨大障碍,同样也严重影响了吉大港的交通运输功能,卡纳普里河底隧道项目由此应用而生。

本项目作为孟加拉国第一座水下隧道,"孟中印缅"经济走廊的重要组成部分,"一带一路"建设的重要一环,项目的建设不仅将大大改善吉大港交通条件,带动孟加拉国区域经济发展,还将对完善亚洲公路网,促进孟加拉国与周边国家之间的互连互通,推动孟加拉国向国际化发展具有重要作用。

1.2.2 工程概况

卡纳普里河底隧道项目为中国国家开发银行投资的"孟中印缅"经济走廊的大型基础设施项目。其不仅能改善孟加拉国内交通运输情况,也将提升"孟中印缅"经济走廊建设以及该地区的互连互通水平。本项目为EPC(Engineering Procurement Construction)总承包项目,合同金额为7.058亿美元,合同工期为1826d,缺陷责任期为730d。

卡纳普里河底隧道项目主要由西岸引道段(包括接线道路、收费广场、超限检测站)、西岸敞开段、隧道段(包括西岸明挖暗埋段、江中盾构段、东岸明挖暗埋段)、东岸敞开段、东岸引道段(包括接线道路、高架桥、收费广场、超限检测站、管理中心、养护工区)组成。

卡纳普里河底隧道工程S2段(中交第二航务工程局有限公司实施)施工合同范围为:盾构隧道结构、隧洞间联络通道、隧道内部附属结构、洞内装饰装修及路面工程。

本项目主要参与方如下:

项目建设单位:孟加拉国大桥局(Bangladesh Bridge Authority,BBA)。

总承包单位:中国交通建设集团有限公司(中国路桥工程有限责任公司具体实施)。

咨询单位:澳大利亚 SMEC、英国 COWI、孟加拉 Devcon 等多家国际咨询单位组成的联合体。

设计单位:中交第二公路勘察设计研究院有限公司。

合作单位:中交第一航务工程局有限公司、中交第二航务工程局有限公司、中交基础设施养护集团有限公司、中交路桥建设有限公司。

1.2.3 隧道段设计参数

卡纳普里河隧道项目设计为单层双向四车道,隧道在河底采用东西并行,分离两管盾构。行车道板下设置线路走廊和应急逃生通道,隧洞间设置 3 处联络通道。盾构段右线里程为 YK2+400~YK4+850,长度为 2450m;左线里程为 ZK2+399.34~ZK4+841.8,长度为 2442.5m。

主体工程(隧道、桥梁)采用高速公路,接线道路采用市区干线公路(部分控制出入)标准修建,设计速度80km/h,荷载等级为公路—Ⅰ级,设计洪水频率 1/100,最大纵坡4%。双向四车道,路基宽度正常路段23.6m,爬坡车道加宽段28.25m,车道宽度3.65m,隧道结构设计基准期100年。设计指标见表1-1。

设计指标一览表　　　　　　　　　　表1-1

序号	设计指标		序号	设计指标	
1	路线长度(m)	5400.971	9	路基段长度(m)	4643.971
2	道路等级	桥梁高速公路、接线市区干线公路	10	高架桥长度(m)	25×30,757
3	设计速度(km/h)	80	11	设计使用年限(年)	100
4	车道数	4	12	设计荷载	公路—Ⅰ级
5	行车道宽度(m)	2×3.65	13	抗震设防标准	地震动峰值加速度为0.15g
6	车道净高(m)	4.9	14	结构耐火等级	一级
7	最小平曲线半径(m)	800	15	耐火极限	2h(RABT曲线)
8	最大纵坡(%)	4	16	设计洪水频率	1/100

1.3 工程特点及重难点

1.3.1 工程特点

本项目为中国交通建设集团有限公司第一条海外长大隧道,是习近平总书记和孟加拉国总理哈西娜亲自揭牌的"一带一路"重点项目,具有国际化程度高、国内外关注度高、集团上下期望值高的特点,是孟加拉国第一条盾构隧道工程,在孟加拉国乃至南亚区公路网中占有重要地位,具有极强的经济及政治意义。

1.3.2 施工重点

(1)河底段及深槽段为全断面高石英含量、高密实度铁板砂层,对盾构机的盾尾密封及刀盘刀具适应性均有较高要求,单台盾构长距离密实粉细砂地层掘进施工为本工程的重点。

(2)盾构机体量大,整机重达2200t,在中国江苏省常熟盾构机生产基地完成场内验收后解体,分块运输至吉大港项目现场。吉大港港口起重吊装能力有限,并且当地无成熟的盾构组装技术人员,所有安装及拆机的技术工种均需从中国组织。如何安全、高效地完成盾构机的运输、组装及施工完成后的拆解为本项目盾构施工的重点。

(3)设备的维修与维护保障难度大,泥水站以及砂浆拌和站等设备的正常运转是保证盾构隧道顺利施工的前提,为本项目盾构施工的重点。

(4)隧道衬砌管片采用国内预制、内河运输、海运组合的多次倒运方式运输至项目现场,长距离海运、多次倒运过程中的管片保护及运输是否及时是本项目盾构施工的重点。

(5)受孟加拉国建材市场材料供应的数量和种类限制,盾构掘进所需的粉煤灰、膨润土、盾尾油脂等材料均需从中国或第三国进口。在新冠肺炎疫情及当地政策影响下的管片运输及进口物资的供应是决定盾构施工能否顺利进行的重要因素,为本项目盾构施工的重点。

1.3.3 施工难点

(1)长距离、高水压全断面高石英含量密实粉细砂地层掘进时盾构机刀盘刀具磨损保护以及盾尾密封性能的保证为本项目盾构施工的难点。

(2)在不良地层中掘进时盾构机姿态容易产生上浮、偏移等现象,盾构机姿态偏移超限将会引起管片错台、开裂以及隧道渗漏等诸多隧道质量问题,所以在掘进过程中盾构机姿态控制为本项目盾构施工难点。

(3)东西岸工作井所在地层均具有较高的富水性,盾构始发与接收时发生透水的可能性较大,因此保证盾构始发与接收过程中的洞门密封为本项目盾构施工的难点。

(4)工作井明挖暗埋段未做加深设计,盾构机台车做扁平化设计,始发阶段台车下方不具备利用电容车直接运输管片及其他辅助材料的条件,因此在非常规始发状态下的管片及其他材料运输为本项目盾构施工的难点。

(5)盾构施工采用"一机双隧"的形式,即盾构机首先从西岸工作井始发,完成左线隧道掘进后在东岸工作井内进行平移和180°转体,继而从东岸始发,最终在西岸右侧工作井进行接收。受盾构机体积、自重、工作井设计等因素制约,在受限工作井内安全、高效地完成盾构机平移、转体为本项目盾构施工的难点。

1.4 区域地质特征

吉大港位于特里普拉—吉大港褶皱带,该地有自第三纪至更新世沉积的密集沉积层序,并在喜马拉雅山有机运动中形成褶皱。在漫长的地质年代中,该区域经历了由于海洋侵蚀和退化而导致的多变环境。本项目收集到的吉大港区域地质图如图1-1所示。本项目处于入海口冲积三角洲区域,地层基本上是第四系冲积覆盖层。

吉大港市区域的地面地质有两个明显的模式。在研究区域的南部,介于卡纳普里河以东以南和孟加拉湾以西的中间部分,可以发现暴露的第四纪沉积物。第三纪沉积物主要在研究区域的北部被发现。北半部分的东西侧表面有山麓和河谷堆积沉积物覆盖。根据现有钻孔和地质调查资料,项目西岸及河底地层为第四系全新统冲积成因(Q_4)的黏性土层和砂土层互层,以砂层为主,黏性土层夹薄层砂,砂层也夹薄层黏性土。黏性土以软塑状态为主,工程地质性质较差。东岸表层为第四系全新统冲积成因(Q_4)的黏性土层和砂土层互层,以砂层为主;下伏第四系更新统冲积成因的黏性土层和砂层互层,黏性土主要系坚硬状态的粉质黏土,局部呈现半成岩状态,该地层在东岸路线 K7+300~K7+700 左侧出露地表。

第1章 绪 论

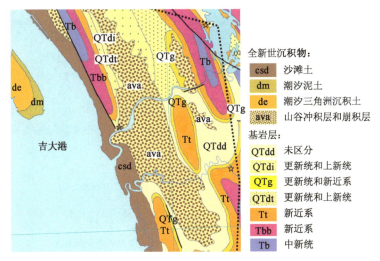

图 1-1 吉大港区域地质图

1.5 工程地质条件

1.5.1 岩土分层及其特征

卡纳普里河底公路隧道穿越地层和地层详述统计见表 1-2 和表 1-3。

卡纳普里河底公路隧道地质特点统计表　　　　表 1-2

工程部位		主要穿越地质描述
盾构右线	YK2+400～YK2+615	③4 层-粉砂(Q_4^{al})、③5 层-淤泥质粉质黏土(Q_4^{al})、③6 层-粉砂(Q_4^{al})
	YK2+615～YK3+190	③5 层-淤泥质粉质黏土(Q_4^{al})、③6 层-粉砂(Q_4^{al})、③7 层-粉质黏土(Q_4^{al})、③8 层-粉细砂(Q_4^{al})、④层-粉细砂厚层密实(Q_4^{al})
	YK3+190～YK3+955	④层-粉细砂厚层密实(Q_4^{al})
	YK3+955～YK4+400	③7 层-粉质黏土(Q_4^{al})、③8 层-粉细砂(Q_4^{al})
	YK4+400～YK4+620	⑦1 层-粉质黏土(Q_3^{al})、⑦2 层-粉细砂(Q_3^{al})
	YK4+620～YK4+850	③2 层-粉砂(Q_4^{al})、③5 层-淤泥质粉质黏土(Q_4^{al})、③6 层-粉砂(Q_4^{al})、⑥层-粉细砂(Q_4^{al})

续上表

工程部位		主要穿越地质描述
盾构左线	ZK2+399.34~ZK2+680	③3层-淤泥质粉质黏土(Q_4^{al})、③4层-粉砂(Q_4^{al})、⑤5层-淤泥质粉质黏土(Q_4^{al})、③6层-粉砂(Q_4^{al})、③7层-粉质黏土(Q_4^{al})
	ZK2+680~ZK2+980	③5层-淤泥质粉质黏土(Q_4^{al})、③6层-粉砂(Q_4^{al})、③7层-粉质黏土(Q_4^{al})、③8层-粉细砂(Q_4^{al})、④层-粉细砂厚层密实(Q_4^{al})
	ZK2+980~ZK4+020	④层-粉细砂厚层密实(Q_4^{al})
	ZK4+020~ZK4+360	③7层-粉质黏土(Q_4^{al})、③8层-粉细砂(Q_4^{al})
	ZK4+360~ZK4+770	③6层-粉砂(Q_4^{al})、⑦1层-粉质黏土(Q_3^{al})、⑦2层-粉细砂(Q_3^{al})
	ZK4+770~ZK4+854.3	③2层-粉砂(Q_4^{al})、③5层-淤泥质粉质黏土(Q_4^{al})、③6层-粉砂(Q_4^{al})、⑥层-粉细砂(Q_4^{al})

盾构穿越地层土分布自上而下详述　　　　表1-3

土层层号	土层名称	颜色	土层描述
③2	粉砂(Q_4^{al})	黄褐色	饱和,松散~稍密,颗粒级配差,夹极薄层粉质黏土,主要矿物成分为石英、长石等。分布在西岸地表,东岸地表也局部分布,西岸较厚,东岸较薄,层厚0~9.9m。该层强度低,力学性质较差,推荐地基土承载力容许值f_{a0}=90kPa
③4	粉砂(Q_4^{al})	深灰色	饱和,稍密,颗粒级配差,夹极薄层粉质黏土,主要矿物成分为石英、长石等。分布在西岸,层厚不均匀,为4.1~11.5m。该层强度低,力学性质较差,推荐地基土承载力容许值f_{a0}=90kPa
③5	淤泥质粉质黏土(Q_4^{al})	灰褐色	软塑,局部流塑干强度中等。土层不均匀,夹薄层粉砂或粉土。分布在西岸,层厚较薄且不均匀,局部尖灭,层厚为0~4.5m。该层具有高压缩性,强度低,力学性质差,推荐地基土承载力容许值f_{a0}=90~100kPa
③6	粉砂(Q_4^{al})	深灰色	饱和,中密,颗粒级配差,夹极薄层粉质黏土,主要矿物成分为石英、长石等。分布在西岸,层厚不均匀,为1.3~7.1m。该层强度较低,力学性质较差,推荐地基土承载力容许值f_{a0}=110kPa
③7	粉质黏土(Q_4^{al})	灰褐色	软塑,干强度中等。土层不均匀,夹薄层粉砂或粉土。分布在西岸,层厚较薄且不均匀,为0.9~7.0m。该层具有高压缩性,强度低,力学性质差,推荐地基土承载力容许值f_{a0}=90~100kPa

续上表

土层层号	土层名称	颜色	土 层 描 述
③8	粉细砂 (Q_4^{al})	深灰色	饱和,密实,局部中密,颗粒级配差,夹极薄层粉质黏土,主要矿物成分为石英、长石等。分布在西岸,层厚较薄,局部尖灭,为0~4.4m。该层强度较高,力学性质较好,推荐地基土承载力容许值 $f_{a0}=200\sim300$ kPa
④	粉细砂厚层密实(Q_4^{al})	灰褐色	饱和,密实,成分较均匀,主要矿物成分为石英、长石等。全线分布,部分浅孔未揭穿,层厚较厚,西岸及河底段层厚一般大于20m,东岸相对不厚。该层强度较高,力学性质较好,推荐地基土承载力容许值 $f_{a0}=200\sim300$ kPa
⑥	粉细砂 (Q_4^{al})	灰黄色	饱和,密实,颗粒级配差,成分较均匀,主要矿物成分为石英、长石等。仅东岸揭示,分布自东岸岸滩至大里程逐渐变浅,层厚较厚但分布不均匀,为5.9~13.2m。该层强度较高,力学性质较好,推荐地基土承载力容许值 $f_{a0}=200\sim300$ kPa
⑦1	粉质黏土 (Q_3^{al})	深灰色	坚硬,局部硬塑,稍有光泽,韧性中等,切面粗糙,夹粉砂薄层,东岸分布,分布自东岸岸滩至大里程逐渐变浅,层厚为1.4~3.5m。该层液限低,不具有膨胀性,具有低压缩性,强度高,力学性质好,推荐地基土承载力容许值 $f_{a0}=380\sim400$ kPa
⑦2	粉细砂 (Q_3^{al})	深灰色	饱和,密实,颗粒级配差,成分较均匀,主要矿物成分为石英、长石等。东岸分布,分布自东岸岸滩至大里程逐渐变浅,层厚较厚,为3.8~7.7m。该层强度较高,力学性质较好,推荐地基土承载力容许值 $f_{a0}=200\sim300$ kPa

1.5.2 物理力学参数指标

根据钻探资料,结合物理、力学试验指标对本工程土、石进行分级,结果见表1-4。

地层工程特性评价一览表　　　　　　　　表1-4

层号	岩土名称	状 态	工 程 特 性	土石等级	土石类别
③6	粉砂	中密	较低强度,工程性质较差	I	松土
③7	粉质黏土	软塑	中、高压缩性,低强度,厚度变化较大,工程性质差	I	松土
③8	粉、细砂	密实、局部中密	较高强度,工程性质好	II	普通土

续上表

层号	岩土名称	状　态	工　程　特　性	土石等级	土石类别
③9	粉质黏土（Q_4^{al}）	软塑	高压缩性,低强度,力学性质差	I	松土
④	粉细砂厚层密实（Q_4^{al}）	密实	较高强度,力学性质较好	II	普通土
⑤1	粉质黏土（Q_4^{al}）	可塑	中等压缩性,中等强度,力学性质中等	I	松土
⑤2	粉细砂（Q_4^{al}）	中密-密实	较高强度,力学性质较好	II	普通土
⑥	粉细砂	密实	较高强度,工程性质好	II	普通土
⑦1	粉质黏土（Q_3^{al}）	坚硬	低液限,不具有膨胀性,低压缩性,高强度,力学性质好	I	松土
⑦2	粉细砂（Q_3^{al}）	密实	较高强度,力学性质较好	II	普通土
⑦3	粉质黏土（Q_3^{al}）	坚硬,局部硬塑	低液限,不具有膨胀性,低压缩性,高强度,力学性质好	I	松土

　　根据土工试验,各砂土层标贯值统计见表1-5,各黏土层直剪快剪值统计见表1-6。

各砂土层标贯值统计表　　　　　　　　　　　　　　　表1-5

地　层	统计数量	最 大 值	最 小 值	平 均 值	标 准 值
③6 粉砂	136	41	11	20.9	19.8
③8 粉细砂	97	51	15	33.7	31.9
④ 粉细砂	247	66	23	47.1	46
⑤2 粉细砂	5	68	54	63.0	62.1
⑥ 粉细砂	35	65	33	43.9	41.2
⑦2 粉细砂	118	64	25	44.9	43.1

各黏土层直剪快剪值统计表　　　　　　　　　　　　　表1-6

统计项目		统计数量	最大值	最小值	平均值	标准值
③7 层粉质黏土	$c(kPa)$	23	20.5	5.9	14.1	12.6
	$\varphi(°)$	23	11.8	3.0	5.9	4.3
③9 层粉质黏土	$c(kPa)$	8	20.9	7.7	14.6	13.1
	$\varphi(°)$	8	12.3	5.4	8.1	7.3
⑤1 粉质黏土	$c(kPa)$	15	45.5	22.5	28.3	25.5
	$\varphi(°)$	15	15.0	4.3	10.0	8.4

续上表

统 计 项 目		统计数量	最大值	最小值	平均值	标准值
⑦1 粉质黏土	c(kPa)	36	88.7	41.3	71.6	68.5
	φ(°)	36	26.7	10.3	18.1	16.4
⑦3 粉质黏土	c(kPa)	24	83.1	19.7	47.0	44.8
	φ(°)	24	29.8	9.7	21.0	19.3

1.5.3 不良地质

(1) 饱和砂土、粉土液化

拟建通道场地 20m 以浅发育饱和砂土和粉土,按《建筑抗震设计规范》(GB 50011—2010),以设计地震基本加速度为 $0.15g$,设计地震分组位于第二组的条件下进行液化判定。根据判别结果(表 1-7),场地 20m 以浅的③2 层粉砂、③4 层粉砂、③6 层粉细砂具液化性,为液化土层。液化指数较高,通过接线道路、隧道场地综合判定本项目场地液化等级为中等~严重液化。根据拟建隧道的结构,可液化土层在振动条件下易于失稳,对隧道施工易造成不利影响。

砂土层液化点判别统计表   表 1-7

层 号	岩 性	判别点数	液化点数	液化百分比
③2	粉砂	81	66	81%
③3	粉砂	24	21	88%
③6	粉细砂	51	34	67%
④	粉细砂	4	4	100%
⑥	粉细砂	41	9	22%

(2) 特殊性岩土

场地内①层填土厚度及组成成分变化较大,主要为既有道路的填土,分布范围较小,但填筑成分及填筑等级差别大,建议换填处理。

盾构隧道上覆地层②淤泥质粉质黏土、③1 淤泥质粉质黏土、③3 粉质黏土、淤泥质粉质黏土、③5 粉质黏土、淤泥质粉质黏土,为软土地层,具有高压缩性、低强度、力学性质差的特点,地基容许承载力基本值 $f_{a0} = 70 \sim 100$kPa。在施工过程中,盾构机作业产生将不可避免产生振动,软土受到外力扰动后强度降低,易产生开挖失稳、地面沉降及坍陷等后果,使建筑物、构筑物及地下管线失损或破坏,因此在盾构机设备选型和施工中应考虑施工对软土振动和影响。

1.6 水文地质条件

工程场地范围内的地表水系主要为卡纳普里河水系,主要接受上游补给,向下游排泄。卡纳普里河属于潮汐河段。河段涨潮历时多年平均值为 5h30min,落潮历时为 5h20min,在一个半潮周期内涨落潮。根据吉大港港务局(CPA)收集的水文资料,Khal No.18 水位站(位于拟建隧道上游 500m 处)历年统计的水文资料见表 1-8。

Khal No.18 水位站高潮和低潮时的最高、最低、平均水位统计表(MSL 高程)

表 1-8

水位		1月	2月	3月	4月	5月	6月	7月	8月	9月	10月	11月	12月
高潮 (m)	最高	2.99	2.69	3.24	3.26	3.99	3.89	4.09	4.11	3.85	4.34	3.84	2.84
	最低	1.50	1.64	1.78	2.09	2.09	2.29	0.55	3.22	2.69	1.73	1.54	1.84
	平均	2.13	2.15	2.48	2.77	3.04	3.21	3.35	3.66	3.42	3.21	2.66	2.27
低潮 (m)	最高	-1.91	-2.01	-2.06	-1.88	-1.81	-1.46	-1.66	-1.81	-1.91	-1.71	-1.53	-1.76
	最低	-2.36	-2.46	-2.54	-2.36	-2.31	-2.12	-2.31	-2.32	-2.56	-2.71	-2.40	-2.19
	平均	-2.09	-2.21	-2.26	-2.17	-2.01	-1.85	-1.94	-2.09	-2.25	-2.25	-2.10	-1.98

1.6.1 地下水类型及含水岩组划分

项目所在处存在松散岩类孔隙潜水和松散岩类孔隙承压水。松散岩类孔隙潜水主要赋存于上部黏性土层,含水介质为黏性土、淤泥质土及粉土,厚度 1~5m。松散岩类孔隙承压水主要分布于表层黏性土层下的砂土层中,其地层呈互层结构,西岸地表以下 20m 范围内黏性土层相对较厚,砂土层相对较薄,地表 20m 以下砂土层相对较厚,黏性土层相对较薄。东岸地层也呈黏性土层和砂土层互层,但砂层相对较厚,砂层夹的黏性土层相对较少。旱季勘探所得西岸承压水水位为 -0.5m,东岸为 -0.5~-1m,地下水位高程和卡纳普里河的平均水位高程比较接近。

通过水文地质试验,本项目各地层地下水渗透系数取值建议见表 1-9。

各地层地下水渗透系数 K 建议值　　　　　　　表1-9

序号	地　层	K 建议值(m/d)	备　注
1	③6 层粉砂	5.44	
2	③7 层粉质黏土	0.26	夹薄层砂
3	③8 层粉细砂及④层粉细砂	2.87	参考相似地层调整
4	⑥层粉细砂	2.87	参考相似地层调整
5	⑦2 粉细砂	7.56	

地下水含盐量对盾构掘进端头原冻结加固影响较大,本项目工程地质详细勘察报告中 Cl^{-1} 含量直观显示地下水含盐量特征,具体见表1-10。

地层 Cl^{-1} 含量表　　　　　　　表1-10

评价类型	腐蚀介质	规范标准(环境类型Ⅱ)		测试数值	腐蚀性评价
		腐蚀等级	指标值		
混凝土中钢筋腐蚀性评价	Cl^{-1} 含量 (mg/L)	微	<100	4980~6420	强
		弱	100~500		
		中	500~5000		
		强	>5000		

1.6.2　地下水补给条件

地下水的补给、径流、排泄受气象、水文、地貌、岩性、构造等诸因素的控制。

潜水主要接受大气降水及农田灌溉水的入渗补给。过江通道场地所在区域气候湿润,降水充沛,有利于地下水接受降雨补给。其他地表水体,如池塘、灌渠等也不同程度补给地下水。由于潜水含水层的渗透系数小,其径流性能差,排泄以蒸发及沟渠逸出为主。

承压水的补给以卡纳普里河水及海水补给为主。由于卡纳普里河的切割地层作用,加上砂土层的透水性较好,河水与含水层地下水的水力联系较好。此外,西岸路线距离海岸较近,仅 20~200m,海水对地下承压水的补给也很明显。TBH17 孔第一段(孔深 16.0~20.0m)抽水试验水位受潮水影响明显即可反映此现象。承压水水位、水量在一定程度上受控于河水水补给的边界条件。由于该含水岩组的厚度大,孔隙性好,渗透性好,其径流强度大,主要向卡纳普里河或外海排泄,承压水与河水或海水互为补排关系。

第2章

CHAPTER TWO

盾构及配套设备选型

2.1 盾构设备选型

2.1.1 盾构设备选型基本原则

盾构设备选型应从安全适应性、技术先进性、经济性等方面综合考虑,所选择的盾构形式要能尽量减少辅助施工法并确保开挖面稳定和适应围岩条件,同时还要综合考虑以下因素:

(1)可以合理使用的辅助施工法,如降水法、气压法、冻结法和注浆法。
(2)满足本工程隧道施工长度和线形的要求。
(3)后配套设备、始发设施等能与盾构的开挖能力配套。
(4)盾构的工作环境。

不同形式的盾构所适应的地质范围不同,盾构设备选型总的原则是:安全适应性为第一要素,在满足第一要素的前提下再考虑技术先进性,最后考虑盾构的经济性。施工沿线地质条件可能变化较大,在选型时,一般选择适合于施工区大多数围岩的机型。

2.1.2 地层适应性分析

本项目盾构穿越地层主要有粉质黏土、淤泥质粉质黏土、粉砂、粉细砂等,其中粉砂、细砂地层占比达到79.6%。

盾构的主要类型有敞开式和密闭式两大类。其中敞开式主要应用于地层稳定、不含或含少量地下水、地面情况比较简单的隧道施工,其成本低,功能相对简单。而本项目主要地层为粉细砂地层,且长距离穿越卡纳普里河底,土体自身稳定性差,且含水率高,防止地层下沉和盾尾渗漏是施工的重点控制项目,所以在此标段中选择密闭式盾构。密闭式又可以分为泥水平衡式盾构、土压平衡式盾构、复合型盾构等。

土压平衡盾构和泥水平衡式的地层适应性在一定的范围内是重叠的,即在渗水系数为 $10^{-7} \sim 10^{-4}$ m/s 的范围内,对两者都是比较适应的。但是在渗水系数小于 10^{-7} m/s 时就不适宜采用泥水平衡式盾构,而当渗水系数大于 10^{-4} m/s 时不宜采用土压平衡式盾构。盾构选型地层区别详见表2-1。

本项目隧道长距离穿越粉细砂地层,且下穿卡纳普里河底,整体地层渗透系数大(多为砂性地层)。地层分布统计详见表2-2。

盾构选型地层区别　　　　　　　　　表2-1

地质情况	泥水平衡式盾构	土压平衡式盾构
渗透系数	大于 10^{-7} m/s	小于 10^{-4} m/s
孔隙水压	无特别限制,可通过泥浆压力来控制	宜小于150kPa,一旦超过该值,需要有相应的防喷涌措施
地下水压力	大于0.3MPa	小于0.3MPa
细颗粒比例	岩土中粉粒和黏粒的比例小于40%	岩土中粉粒和黏粒的比例超过40%
含水率	无特别限制	小于30%时需要通过加泥浆、水、泡沫等来增加流动性
土的硬度、N值、内摩擦角、黏聚力	无特别限制,但需考虑应对硬岩的措施(砾石破碎装置)	无特别限制,但需考虑破岩刀具的维修

卡纳普里河底隧道断面地层分布　　　　　　　　　表2-2

层号	名称	面积比例	备注
③2	粉砂	0.5%	
③4	粉砂	0.9%	
③5	淤泥质粉质黏土	3.4%	
③6	粉砂	17.9%	
③7	粉质黏土	5.3%	
③8	粉细砂	17.6%	
④	粉细砂	44.1%	
⑥	粉细砂	1.4%	
⑦1	粉质黏土	2.7%	
⑦2	粉细砂	6.2%	

　　地层分布比例如图2-1所示。

　　根据本项目盾构隧道的工程条件(下穿卡纳普里河防洪堤、下穿卡纳普里河,长距离穿越粉细砂层),为降低穿越防洪堤和长距离穿越河底的风险,使用气压平衡掌子面能够更有效控制地面沉降。

　　水文地质特点:主要地层为透水性较强的砂层,渗透系数为 3.32×10^{-5} m/s,大于 10^{-7} m/s,在 $10^{-4} \sim 10^{-5}$ m/s 之间;地下水丰富,水压高;细颗粒比例仅占5.8%。

　　工期及施工要求:盾构穿越距离较长达2450m,泥水盾构效率较高。

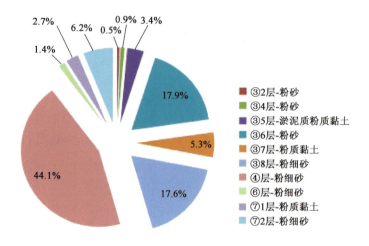

图 2-1　隧道洞身地层布置面积比例图

结合类似工程盾构的选型经验,本工程拟采用气垫式泥水平衡盾构机。

2.1.3　盾构机及配套设施要求

根据对招标文件和设计文件的理解和分析,通过对现场的踏勘,总结卡纳普里河底隧道盾构施工对盾构机的要求如下:

1) 基本功能要求

要求盾构机具有开挖系统、出渣系统、管片安装系统、注浆系统、动力系统、控制系统、测量导向系统等基本功能。

2) 对地质的适应性要求

(1) 刀盘、刀具形式及布置

刀盘采用辐条加面板式的平面刀盘,直径 12.16m,刀盘开口形式为对称的长条孔,开口尽量靠近刀盘的中心位置,中心设置 1 把锥形鱼尾刀,以利于中心部位渣土的流动。刀盘开口率为 33%,开口幅宽最大 1340mm(靠近中心鱼尾刀位置),刀盘外周内侧环向均匀设置有 6 根 $\phi 300mm$ 的搅拌棒,用于充分搅拌渣土。刀盘、刀具形式及布置如图 2-2 所示。

刀盘防结泥饼设计:通过中心回转接头布置 5 路朝向刀盘中心部开口位置的冲洗管;通过优化进泥管口朝向辅以刀盘旋转方向,对刀盘牛腿拐角处的渣土流动改善,冲洗口位置如图 2-3 所示。

耐磨设计:刀盘的周边焊有耐磨条,刀盘的面板焊接有格栅状的 Hardox 耐磨材料,耐磨板厚度为 30mm,充分保证刀盘在岩层掘进时的耐磨性能。

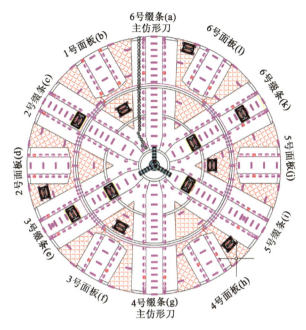

图 2-2 刀盘及刀具布置图

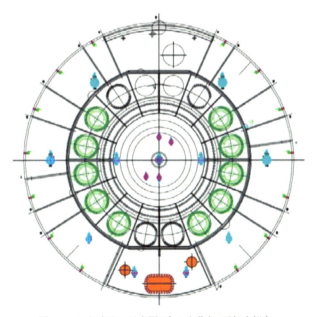

图 2-3 刀盘冲洗口示意图(中心为紫色,下部为橙色)

盾构机刀盘刀具统计见表 2-3。

盾构机刀盘刀具统计表　　　　表 2-3

刀具名称	单位	数量	刀高(mm)	备注
鱼尾刀	套	1	350	
刀盘外圈保护刀	把	24	—	
主切削刀/刮刀	把	282	130/110	其中边刮刀 24 把
先行刀/撕裂刀	把	160	180	其中外周先行刀 18 把
贝壳刀	把	25	190	
17 寸双刃滚刀/重型撕裂刀互换	把	12	190	
刀箱保护刀	把	24	—	
磨损检测刀	把	2	150	
仿形刀	把	2	—	主、副各 1 把

刀盘刀具主要有鱼尾刀、主切削刀/刮刀、先行刀/撕裂刀、重型撕裂刀、磨损检测刀、仿形刀等，其中 12 把带刀箱的刀具，初装刀选择重型撕裂刀。该类型刀具在南京纬三路过江隧道项目以及福州地铁二号线项目经过实践检验，可以掘进 C30 素混凝土或玻璃纤维筋混凝土以及长距离掘进砂卵石地层，磨损程度均可控制在正常范围之内。

因本项目盾构机需要二次始发和二次接收，需要穿越 4 次地连墙和加固体，因此刀盘设计的 12 把重型撕裂刀可与滚刀互换，确保特殊情况下能够进仓更换重型撕裂刀为滚刀。

撕裂刀结构如图 2-4 所示。刮刀设计如图 2-5 所示。

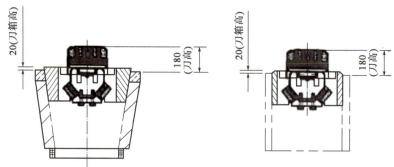

图 2-4　重型撕裂刀设计图(尺寸单位:mm)

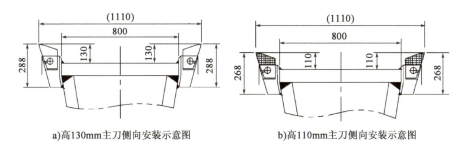

图 2-5 刮刀设计图(尺寸单位:mm)

(2)前端闸门设计

盾构穿越地层无卵石层和岩层,因此出渣口后方未设置破碎机,但设有两个搅拌器,防止渣土沉积,便于排渣。前端闸门结构如图 2-6 所示。

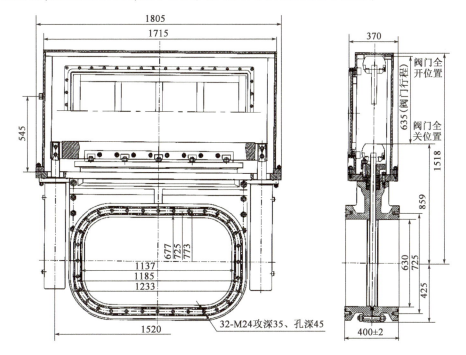

图 2-6 前端闸门结构图(尺寸单位:mm)

(3)盾构机驱动动力

①刀盘驱动扭矩。根据盾构机使用环境计算出所需驱动扭矩为 17727 kN·m,刀盘驱动采用电机驱动,由 12 个电机来驱动刀盘,刀盘驱动的配备总功

率为3000kW,标称扭矩为32933kN·m,脱困扭矩为39520kN·m。刀盘的转速范围为0~1.55r/min。安全系数1.85。满足本项目需求。

②盾构机总推力。根据盾构机使用环境计算盾构机所需推力为122293kN。盾构机推进系统配置了46根(23组)推进液压缸,单个液压缸最大推力3800kN,推进系统最高压力30MPa,总推力为174800kN。安全系数1.43。满足本项目需求。

(4)盾构本体在压力状态下的防水密封性能

根据设计概况,隧道最大埋深38m,最大水土压力不超过0.6MPa;盾构机设计按照静水压≥1.0MPa、动水压≥0.8MPa(工作环境水土压力,起算点为盾构机刀盘底部)设计。为加强盾尾密封效果,设置了4道盾尾刷(前2道为隧道内可更换形式)和1道止浆板,如图2-7所示。

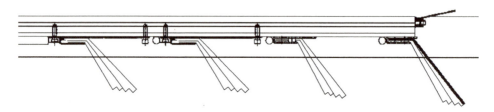

图2-7 盾尾密封示意图

(5)泥水循环系统选型

根据盾构掘进条件(开挖直径12160mm,单线长度2450m,开挖深度38m;最大掘进速度50mm/min,泥水仓水压最大0.58MPa,送泥密度1.15kg/m³),计算出泥水循环系统需要最大送泥流量为1913m³/h,送泥管直径0.45m,最大送泥流速3.34m/s,最大排泥流量2320m³/h,排泥密度1.38kg/m³,排泥管直径0.45m,最大排泥流速4.05m/s;设计最大送泥流量2083m³/h,最大送泥流速3.64m/s,排泥流量2500m³/h,最大排泥流速4.37m/s。本项目泥水循环配置进泥泵2台(P11、P12根据距离延长增加),功率800kW,输送能力2500m³/h,扬程80m;排泥泵3台(P21、P22、P23根据距离延长增加),功率900kW,输送能力2500m³/h,扬程80m;冲洗泵2台,单台功率250kW。

(6)带压换刀保障设施

人仓设计采用双室结构,以满足进仓人员数量要求及材料和刀具运输通道要求,人仓内安装有测量隧道内或开挖面气压及操作中气压的压力计、供气阀、排气阀以及喷淋装置。人仓结构如图2-8所示。

图 2-8 人仓结构图

(7)气垫仓压力调节系统

气垫仓压力调节通过两套萨姆森(Samson)系统实现,分别布置在气垫仓两侧,1 用 1 备,当一路出现故障时可以快速切换另一路,保证气垫仓和开挖面的压力平衡,有效防止掌子面因压力失稳发生坍塌,气压控制精度为 ±0.05bar。为保证带压进仓空气供应,盾构机上配置 0.8MPa 的空压机,3 台 90kW、1 台 55kW,确保气压供应。气垫仓压力调节系统示意如图 2-9 所示。

(8)管片壁后同步注浆系统选择,有效控制地表沉降

盾构推进中的同步注浆是充填土体与管片圆环间的建筑间隙和减少后期变形的主要手段,也是盾构推进施工中的一道重要工序。浆液压注做到同步、均匀、足量,确保其建筑空隙得以及时和足量充填,将地表变形和管片偏移控制到最小,并防止管片错台接缝渗漏水。同步浆液可以迅速、均匀地填充到盾尾间隙的各个部位,使施工对土体扰动降低到最小。

本项目盾构开挖直径 12.16m,管片外径 11.8m,最大掘进速度 50mm/min,按照 1.5 倍的充填系数,最大计算同步注浆注入速度为 30.3m^3/h,本盾构配置同步注浆泵 3 台,最大压力 3MPa,单台注浆流量为 20m^3/h,功率 45kW,砂浆罐容量 25m^3,能够满足最快掘进需求。

(9)盾体(盾尾)强度

为便于运输,本项目盾构盾尾共分为 4 块,采用 Q345 厚 80mm 的钢板制作,采用有限元法计算盾体强度计算书结论为:最大应力 200MPa,最大应变 2.8mm,最大应力和应变位置均为注浆管位置,安全系数 1.73,不影响管片拼装。

2.1.4 盾构设备主要技术参数

基于盾构机设备选型原则、本项目地层适应性分析、盾构机及配套设备的具体要求,选定盾构为气垫式泥水平衡盾构机,其主要技术参数见表 2-4。

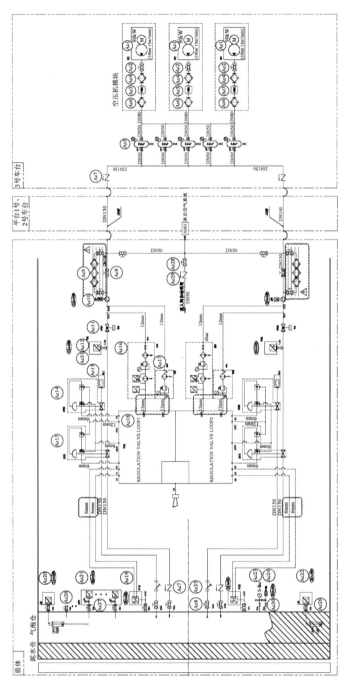

图2-9 气垫仓压力调节系统示意图

盾构机关键参数 表2-4

设备系统和部件名称	参 数 名 称	规格、参数值
盾构机主体	开挖直径	φ12160mm
	总体长度	13580mm
	盾体长度	12530mm
	管片外径	φ11800mm
	管片内径	φ10800mm
	结构形式	面板式
	空隙(开口)率	33%
	刀盘材料	Q345B
刀具配置	鱼尾刀	1 件
	主切削刀	270 件
	先行刀 $H=170$mm	150 件
	磨损检测刀	2 件
	仿形刀	2 件
	双刃滚刀	12 件
仿形刀	行程	185mm
	最大超挖量	120mm
	最大顶出力	320kN
	液压工作压力	20.6MPa
前盾	前盾直径	φ12120mm
	前盾长度	3400mm
	前盾壁厚	100mm
	气垫仓前隔板厚	100mm
	气垫仓后隔板厚	100mm
	前盾材质	Q345B
	排泥口直径及数量	DN450/3 路
	旁通管	DN450/1 件
	送泥口直径及数量	DN200/4 路
	人仓门数量及直径	1件/φ1750mm×3250mm×3780Lmm，1 件/φ1700mm×3220Lmm
	材料仓门数量及直径	1 件/φ1380mm×2260Lmm

续上表

设备系统和部件名称	参 数 名 称	规格、参数值
前盾	气泡仓压力传感器数量	2件
	泥水仓压力传感器数量	3件
驱动系统	主轴承形式	三列圆筒滚柱轴承
	主轴承寿命	≥10000h
	密封形式	3段边角密封+7段唇形密封
	密封抗压强度	1.2MPa
	主轴承密封寿命	≥10000h
	刀盘驱动形式	变频电机驱动
	驱动马达数量	12套
	单个马达功率	250kW
	马达冷却方式	水冷
	刀盘驱动功率	2500kW
	额定扭矩	32933kN·m
	最大扭矩	39520kN·m
	最大速度时扭矩	17434kN·m
	转速范围	0.1~1.55r/min
主轴承油脂润滑系统	油脂泵形式	电动泵
	油脂泵数量	1件
	油脂泵压力	10bar
	油脂泵流量	15L/min
主轴承油脂密封系统	油脂泵形式	电动泵
	油脂泵数量	3个
	油脂泵压力	21MPa
	油脂泵流量	90cc/min
搅拌机	数量	1套
	单台功率	200kW
	搅拌翼直径	ϕ1000mm
	转速	0~40r/min
气泡仓气压调节系统	调节进气阀数量	2件
	压力调节范围	0~1.0MPa

续上表

设备系统和部件名称	参 数 名 称	规格、参数值
气泡仓气压调节系统	压力调节精度	±0.1bar
	排气阀数量	2件
	气泡仓最大压力	1.0 MPa
中盾	中盾外径	φ12120mm
	中盾长度	5200mm
	中盾壁厚	100mm
	中盾材质	Q345B
推进系统	推进液压缸数量	46件
	液压缸行程	2950mm
	推进系统最高压力	31.5MPa
	液压缸撑靴在管片上的最大压力	10MPa
	全数液压缸最大推进速度	60mm/min
	液压缸缩回速度	165mm/min
	行程传感器数量(内置)	4套
	最大推力	174800kN
	单个液压缸最大推力	3800kN
	分区数	4分区(7/5/5/6)
盾尾	尾盾外径	φ12120mm
	尾盾长度	4430mm
	尾盾壁厚	100mm
	尾盾材质	Q345E
	盾尾间隙	50mm(单边)
	密封方式	盾尾钢丝刷
	密封道数	4道
	最大抗压	1.0MPa
	注脂泵形式	空气泵
	注脂泵数量	3套
	注脂泵压力	35.2MPa
	注脂泵流量	8.2L/min
	盾尾注脂管分布数量	3道/16路

续上表

设备系统和部件名称	参 数 名 称	规格、参数值
盾尾	压力传感器数量	51件
	盾尾注脂管口径	25mm
	同步注浆管分布数量	6用6备
管片拼装机	形式	环形齿轮式
	旋转角度	±200°
	旋转速度范围	0~1.0r/min
	抓取方式	真空吸盘式
	自由度数	6
	滑动行程	3450mm
	垂直行程	2200mm
	推进力	748kN
	提升力	752kN
	起重能力	152kN
	旋转扭矩	1200kN·m
冷却水系统	冷却水管卷筒的容量	30m
	冷却水管通径	ϕ150mm
	冷却水泵数量	2套
	冷却水泵流量	800L/min+670L/min
	冷却水泵功率	30kW
	热交换器数量	1套
	热交换器能力	2000L/min
	循环水最低系统压力	3bar
	循环水额定流量	120m^3/h
污水排放系统	排污泵流量	60m^3/h
	排污泵功率	55kW
	排污泵数量	1套
	隔膜泵数量	2套
	潜污泵数量	2套
	排污管通径	ϕ100mm
	污水箱数量	1件

续上表

设备系统和部件名称	参 数 名 称	规格、参数值
污水排放系统	单个污水箱容积	10m³
泥水输送系统	排泥泵单台功率	900kW
	排泥泵数量	3套
	排泥泵最大输送粒径	250mm
	排泥泵输送能力	2500m³/h
	排泥泵单泵最大水平输送距离	扬程60m
	进泥泵单台功率	800kW
	进泥泵数量	2套
	进泥泵最大输送粒径	80mm
	进泥泵输送能力	2500m³/h
	进泥泵单泵最大水平输送距离	扬程65m
	循环泵数量	2套
	循环泵功率	280kW
	流量传感器数量	4件
	比重传感器数量	2件
	压力传感器数量	13件
人仓	主仓工作压力	1.0MPa
	主仓容积	12.2m³
	主仓容纳人数	4人
	辅仓工作压力	1.0MPa
	辅仓容积	12.2m³
	辅仓容纳人数	4人
送排泥管延伸装置	延伸装置形式	打球+U形管
	泥管延伸装置接管长度	6m
同步注浆系统	注浆泵数量	3套
	注浆泵流量	20m³/h×3套
	注浆泵压力	3MPa
	注浆压力传感器数量	6件
	注浆泵单台功率	55kW
	注浆管路清洗方式	高压水枪冲洗

续上表

设备系统和部件名称	参 数 名 称	规格、参数值
同步注浆系统	砂浆罐容量	$25m^3 \times 1$
管片储运装置	管片储运装置形式	液压千斤顶向前倒换式
	管片储运装置管片储备能力	1 环管片
二次注浆系统	A 液注浆泵压力	3MPa
	A 液注浆泵流量	160L/min
	A 液注浆泵单台功率	15kW
	B 液注浆泵压力	3MPa
	B 液注浆泵流量	40L/min
	B 液注浆泵单台功率	5kW
	A 液罐容量	$4m^3$
	B 液罐容量	$1m^3$
气泡仓空气压缩机系统	压缩机压力	1.0MPa
	压缩机流量	$16m^3/min$
	压缩机单台功率	90kW
	压缩机数量	3 套
	储气罐容量	$3m^3 \times 3$
	冷干机容量	$16m^3/min$
	冷干机数量	3 台内置式
	可呼吸空气过滤装置数量	2 套 ×3
工业控制压缩机系统	压缩机压力	0.8MPa
	压缩机流量	$8.5m^3/min$
	压缩机单台功率	55kW
	压缩机数量	1 套
	储气罐容量	$2m^3$
	冷干机容量	$8.5m^3/min$
	冷干机数量	1 台内置式
	空气过滤器数量	2 套
备用发电机组	发电机组形式	带消音箱
	发电机组数量	1 套
	发电机组功率	560kW

续上表

设备系统和部件名称	参 数 名 称	规格、参数值
备用发电机组	输出电压	400V
主通风系统储风筒	主风管直径	φ2000mm
	储风筒外径	φ1700mm
	储风筒内径	φ1692mm
	储风筒长度	4600mm
	储风筒容量	风管 φ2000mm×200m
二次通风系统	通风形式	隧道轴流风机
	流量	63000m³/h
	压力	2400Pa
	风机功率及数量	55kW/2 套
	消音器数量	2 套
	风管直径	φ1000mm
导向系统	全站仪和棱镜之间的角度精确性	2″
	全站仪和棱镜间最大操作距离	200m
	双轴倾角计测量滚动精度	±1.1FS
	双轴倾角计测量倾斜精度	±1.1FS
电力系统	变压器数量	8
	变压器单台容量	2000kV·A×3+1600kV·A×1+1400kV·A×4
	高压控制柜数	8
	高压电缆卷筒容绳量	200m
单元设备功率	主驱动	3000kW
	推进系统	220kW
	管片拼装机	200kW(旋转和平移系统);75kW(液压缸系统)
	管片吊机	52kW(单管片吊机)
	同步注浆	160kW
	二次注浆	45kW
	泥水系统	900kW×3+800kW×2
	排污系统	65kW

035

续上表

设备系统和部件名称	参 数 名 称	规格、参数值
单元设备功率	冷却系统	273.2kW
	二次通风	110kW
	空压机	325kW
	搅拌器	200kW
	软管卷筒	12.5kW
	照明及预留电源用电	200kW
	总功率	9290kW

2.2 泥水处理系统选型

2.2.1 设备性能参数需求

本项目盾构掘进地层主要为粉砂、粉细砂地层,局部淤泥质粉质黏土和粉质黏土地层。根据最大掘进速度 50mm/min 以及最大进排泥流量 2500m³/h,本项目泥水处理系统配置 2 套 1000 型泥水分离系统,可以处理 20μm 以上的颗粒。同时配备压滤机 1 台,当细颗粒集中段泥浆处理不彻底,泥浆外运困难或环保要求高时对泥浆进行再处理,满足干渣外运条件。

2.2.2 系统组成及设备参数

本项目泥水处理设备制造商为康明克斯,详细设备参数见表 2-5。

泥水处理系统设备的主要性能参数表　　　表 2-5

系统和部件名称		参 数 名 称	规格、参数值	生产厂家	备注
泥水分离系统	预筛	筛网面积	VS～1833,23.76m²	康明克斯/中国	
		分离粒径	6～12mm/2～4mm		
		筛网材质	4mm×8mm×12mm 特殊耐磨钢	康明克斯/中国	
		振动电机马达型号	VV81B/6(1000r/min)	维纳赛特/意大利	
	一级分离	分离粒径	74μm		
		旋流器型号	HC-750	康明克斯/中国	

续上表

系统和部件名称		参 数 名 称	规格、参数值	生 产 厂 家	备注
泥水分离系统	一级分离	旋流器数量	4支		
		泥浆泵型号	10/8EM	博大/中国	
		筛网规格	300mm×300mm×30mm	康明克斯/中国	
		单元处理能力	1000m³		
	二级分离	分离粒径	20μm		
		旋流器型号	Gmax-u6	克莱博斯/美国	
		旋流器数量	64支		
		泥浆泵型号	10/8EM	博大/中国	
		筛网规格	300mm×300mm×30mm	康明克斯/中国	
		单元处理能力	1000m³		
压滤设备		压滤机规格型号	APN18SL80M	康明克斯/中国	
		单台处理能力	50m³/h		
		过滤面积	460m²		
		滤室容积	12.2m³		
		滤饼含水率	≤30%		
		滤液水固含率	<2g/L		
		处理颗粒粒径	1μm		
调浆、制浆系统		新浆制浆能力	120m³/h		
		新浆输送泵能力	300m³/h		
		化学药剂制浆能力	20m³/h		
		化学药剂输送泵	20m³/h		
		调浆能力	2000m³		
		清水输送泵	800m³/h		
		水封泵	6m³/h		
控制系统		自动操作系统	自动操作系统	施耐德PLC/中国	
		监控系统	监控系统	时代智业/中国	
装机功率		分离系统	882kW		
		压滤系统	71kW		
		制调浆系统	380kW		
		总功率	1333kW		

2.3 后配套适应性设计及优化

2.3.1 后配套台车设计

卡纳普里河底隧道工作井长46.7m、宽23.0mm、深19.7m,工作井相邻明挖暗埋段纵坡-3.995%。明挖暗埋段底板与工作井底板高差为6.45m,后配套台车无行进系统安装空间,管片无法采用常规运送方式,因此,对后配套台车进行针对性设计。

(1) 台车扁平设计

大直径泥水平衡盾构机台车设计中,1号台车因拖载进排泥泵、分流器、膨润土箱、砂浆箱、变频柜、油箱、液压泵、高压柜等设备,台车断面满载,空间需求大。本项目明挖暗埋段与工作井底板高差6.45m,净空高度为7.3m,根据盾构机后配套设备的体积和数量,将台车扁平化设计,增加后配套台车数量及纵向长度。最终设计为后配套台车数量为4个,前三节台车分上下两层、左中右三分区布置,4号台车为2层平台结构,后配套台车纵断面结构如图2-10所示。

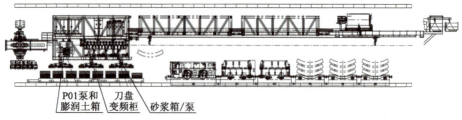

图2-10 后配套台车纵断面图

(2) 台车行走系统

为便于始发和正常掘进期间管片与辅材运输,台车行走系统必须保持台车下部预留一定的空间。1~3号台车行走车轮设计为八字轮,以便管片横向通过,依据台车重量,1号台车布置3组八字轮,2号、3号台车布置2组八字轮;4号台车需装载泥水管接管器,该设备对台车变形有严格要求,故4号台车行走系统采用花架直轮设计。隧道始发阶段后配套台车纵断面布置如图2-11所示,4部台车的横断面设计如图2-12所示。

明挖暗埋段底板焊接4道100mm×100mm钢导轨并与底板预埋钢板焊接,

后配套台车按照1号、2号、3号、4号台车顺序将台车分块下井并组装,每节台车的下井顺序为先两侧后中间,组装后利用卷扬机整体向后滑移。

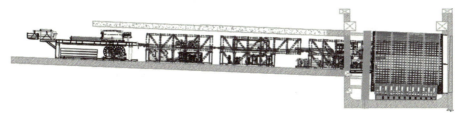

图2-11 后配套台车纵向断面设计图

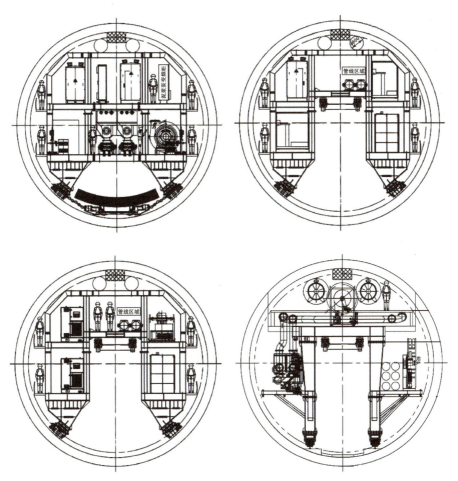

图2-12 1~4号台车横断面设计图

2.3.2 管片运输系统

始发阶段,负环、钢套筒及反力架结构未拆除,管片及辅材不能直接由井上门机吊运到位,必须通过转运的方式运送至指定位置。由于明挖暗埋段未设置加深段,盾构始发阶段台车行进轮无法安装,管片无法从明挖暗埋段运输,因此从另一侧工作井规划管片运输路径,通过调整负环、反力架位置和反力架后支撑间距,预留管片横向运输通道。反力架及支撑、明挖暗埋段墙体间存在小净空,满足单块管片横向运输空间需求,在1号台车未全部进入负环之前,管片采取横向+纵向运输方式运输。

该设计可分为三部分,分别为结构部分、小车部分和动力部分。横向运输系统结构部分主要为长15m、宽2m、高2.5m的横向钢结构桁架,顶部设置轨距1m的小车行进轨道,具体设计如图2-13所示。

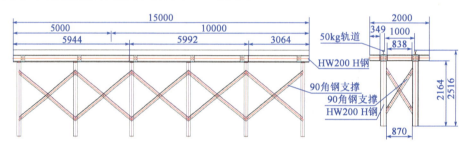

图2-13 横向运输桁架横纵断面设计图(尺寸单位:mm)

管片运输装置采用背载式小车设计,小车共有两台(1号和2号),1号小车为横向运输小车,2号小车为纵向(沿隧道掘进方向)运输小车,2号小车顶部设置轨距1m的轨道,与结构部分的轨道对接,设置横、纵两套轨道车轮,具体设计如图2-14所示。

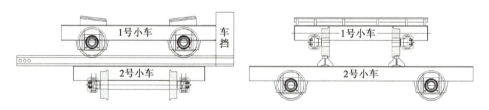

图2-14 背载式运输小车设计图

动力部分主要为由一台5t卷扬机和钢丝绳、滑轮组成的牵引系统,卷扬机置于横向钢结构托架端部下方,通过定滑轮改变牵引钢丝绳的方向以实现1号小车的横向及 2 号小车的纵向行进,钢丝绳规格为 $\phi 16mm$,定滑轮尺寸为 $D150mm$。

管片放置在横向运输小车上,通过横向托架运输至纵向小车上方后,与纵向小车上方背载轨道相接,纵向小车完成背载后固定上方小车和管片,通过卷扬机系统向前拖拽至拼装机工作空间,随着小车的行进,不断向前铺设轨道运输管片,管片运输路径设计如图 2-15 所示。

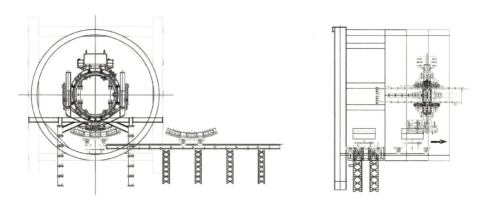

图 2-15　管片运输路径设计示意图

在 1 号台车未全部进入负环隧道前,喂片机未安装,管片由上述运输系统运送至拼装机下。

2.3.3　大直径钢套筒设计

(1) 钢套筒结构设计

卡纳普里河底隧道项目通过端盖的变化实现密闭钢套筒始发、接收一体化设计。钢套筒结构由延长钢环、密闭筒体、套筒一体化托架、端盖圆环、平板式封头、卸料口、进气口、泄压口、人行门和辅助固定装置组成。套筒根据盾构机组装需求、海外项目运输、现场安装条件等因素进行合理分块,其分块结构如图 2-16 所示。

密闭钢套筒筒体长 14400mm,后端盖厚 600mm,延长钢环宽度上口为 480mm,下口为 953mm,钢套筒外径为 12924mm,内径为 12484mm,盾构机与套筒单侧间隙为 220mm,四道钢轨设计为 150 方钢。钢套筒分为 4 段,每段钢套筒环向分为 90°底部基座块和 9 块 30°分块扇块,各分块由定位装置迅速定位后,环缝、纵缝均采用焊接连成整体。筒体材料用 20mm 厚的钢板。每段筒体的外周焊接纵、环向筋板以保证筒体刚度,筋板厚 20mm、高 180mm,间隔约 340mm ×

540mm。每段筒体的端头和上下两块接合面均采用法兰连接,法兰用 100mm 厚的板,扇形筒体之间以及两段筒体之间均采用 M30 螺栓连接,中间加两道 O 形橡胶圈。在筒体底部 90°底部框架分 4 件制作。底部框架承力板用 20mm 板,筋板用 20mm 板。框架与下部筒体焊接连成一体形成底部基座快,焊接时托架腹板先与筒体焊接,再焊接横向筋板。

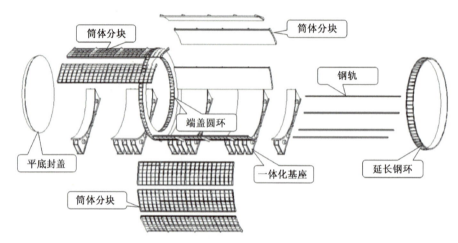

图 2-16 钢套筒构成图

钢套筒结构示意如图 2-17 所示,超大直径钢套筒组成及重量见表 2-6。

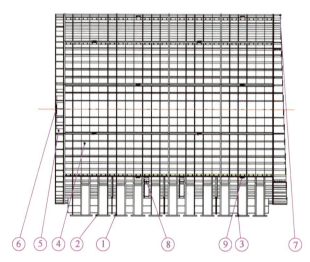

图 2-17 钢套筒结构示意图
注:图中数字对应表 2-6 中序号。

超大直径钢套筒组成及重量一览表　　　　表2-6

序　号	名　称	数　量	材　料	单　重	总　重
1	A1分块	2	ASM	64.86t	129.72t
2	A2分块	1	ASM	60.99t	60.99t
3	A3分块	1	ASM	65.55t	65.55t
4	B/C块	9	ASM	15.9t	143.1t
5	后端盖	1	ASM	42.71t	42.71t
6	平板封盖	1	ASM	73.57t	73.57t
7	过度换	1	ASM	6.47t	6.47t
8	工作槽封板	4	Q235B	0.733t	2.94t
9	定位装置	30	ASM	16.8kg	0.5t
10	总重	—	—	—	525.55t

（2）钢套筒功能设计

卡纳普里河底隧道超大直径密闭钢套筒针对其始发、接收和转体进行多功能一体化设计，其满足大直径泥水平衡盾构始发的功能设计如下：

①套筒设置一体化托架，根据盾构A环、B环和T环安装位置留置工作槽，用于下部盾体焊接。

②套筒封头（端盖）环内置液压缸，钢套筒安装后反推顶紧，预加反力顶紧钢套筒与延长钢环。

③钢套筒延长钢环设置4~6个带球阀的观测孔，用以检查洞门密封质量并可以进行补充注浆。

④套筒设置填料口，用于抛砂冲水或泥浆注入，当筒体出现渗漏时可利用填料口补浆保持压力平衡。

⑤套筒各部位设置应变计，同时筒体上部设置压力检测装置，在盾构始发时进行动态检测，数据超限时停止始发，修整后恢复。

⑥钢套筒筒体、托架下引出注浆管，用于盾体下方填充注浆和管片四周固定注浆，防止管片脱出盾尾后在套筒内上浮或下沉。

⑦套筒筒体设置泄压孔和泄水孔，避免套筒内外压差过大导致筒体变形。

⑧延长钢环处设人孔，用于洞门混凝土凿除和盾构刀盘检查。

⑨套筒托架设置液压缸箱,内置液压缸可实现套筒调坡需求,同时根据坡度加工调坡垫块,调整到预设盾构始发坡度。

(3) 一体化工作槽设计

钢套筒底部一体化基座根据盾构组装顺序和位置提前预留两道工作槽,工作槽宽度为300mm。工作槽留设位置如图2-18所示。

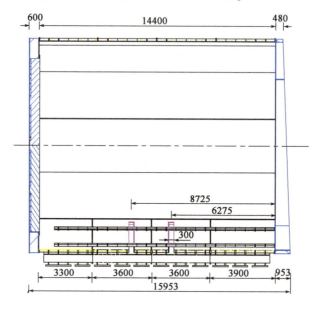

图2-18 工作槽留设位置(尺寸单位:mm)

(4) 钢套筒防扭计算

通过数值分析软件模拟盾构机在钢套筒内始发,分析套筒受力和变形情况,为现场施工和自动化监测提供依据。

荷载工况和边界条件:盾构机和钢套筒自重1400t;盾构扭矩分布在套筒底部4根钢条上,每根钢条的最大扭矩为40000kN/m。约束底部的法向位移以及三角撑处水平位移;土体与盾构机及钢套筒采用硬接触,摩擦系数取0.35。钢套筒计算和受力模型如图2-19所示,经过数值模拟分析后,钢套筒力学分析云图如图2-20所示。

经过工况分析和数值模拟,钢套筒总体应力最大位置在套筒两腰外侧钢条位置,最大应力为16.6MPa;钢套筒总体位移最大位置在套筒上部,最大位移为0.52mm,由顶部向底部位移逐渐减小,最大水平位移0.02mm,最大竖向位移0.51mm,满足钢套筒始发安全要求。

第2章 盾构及配套设备选型

(5) 反力架设计

反力架采用强度为Q235B的钢结构设计。反力架包括两侧立柱、横向钢梁和4个斜向钢梁,钢立柱为焊接箱形梁,横向宽900mm,纵向(与隧道轴线平行)宽度为1000mm,斜向横杆焊接在立柱上,中间设加强竖向钢梁,采用高强度螺栓连接,以增加立柱刚度。上、下横梁宽900mm,采用高强度螺栓与立柱连接件连接,横梁中部设置加强横梁,采用8个高强度螺栓栓接。4个斜向梁宽800mm,采用高强度螺栓连接。反力架钢梁设置18根DN720×12钢管与工作井相邻明挖暗埋段结构预埋钢板连接,提供原始推进反力,除3点处钢管撑外,其余支撑与隧道轴线平行,3点处钢管撑与反力架呈30°角设置。反力架设计如图2-21所示。

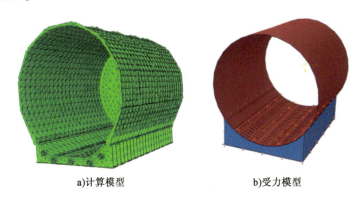

a) 计算模型　　　　　　　　　b) 受力模型

图2-19　钢套筒计算和受力模型

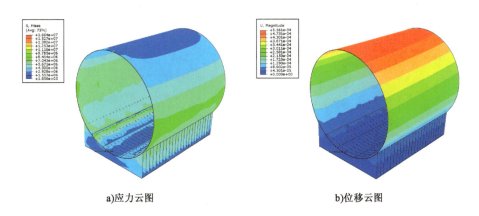

a) 应力云图　　　　　　　　　b) 位移云图

图2-20　钢套筒力学分析云图

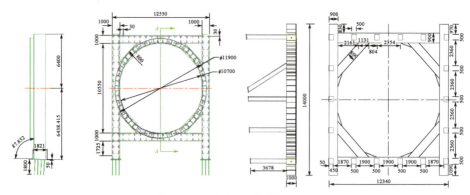

图 2-21　反力架设计(尺寸单位:mm)

2.3.4　电容车编组

隧道衬砌管片及物资材料采用有轨运输方式，编组采用超级电容机车牵引，车载充电机。实际选型 80t 电容机车。80t 电容机车编组包含 2 台砂浆车和 3 台管片车，如图 2-22 所示，其具体技术参数见表 2-7。配套运输设备技术参数见表 2-8。

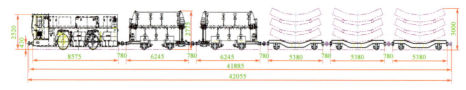

图 2-22　电容机车编组示意图(尺寸单位:mm)

80t 电容机车技术参数表　　　　　　　　　　　表 2-7

序号	部件	项目名称	参　　数
1	整机	工作环境	温度 −25 ~ 50℃，海拔 5000m，湿度≤95%，噪声 <40dB
		机车外形尺寸(长×宽×高)	11418mm × 2000mm × 3040mm(以图纸为准)
		轨距	1000mm
		黏着重量	80t
		其中蓄电池及箱的重量	3t
		黏着系数	0.28
		传动方式	直-交变频 + 机械传动
		功率	90kW ×4

续上表

序号	部件	项目名称	参数
1	整机	起动牵引力	224kN（黏着系数0.28）
		持续牵引力	192.4kN
		最高速度	13.3km/h
		持续速度	6.65km/h
		重载爬坡度	50‰
		50‰重载爬坡牵引重量	202.7t（黏着系数0.24）
		通过最小曲线半径	30m
		减振方式	螺旋弹簧
		机车控制方式	PLC微电脑分挡位变频调速
		机械制动方式	行车制动+驻车制动
		制动倍率	4
		制动距离	50‰重载下坡3km/h制动距离不大于15m
		紧急制动方式	电制动+行车制动+驻车制动+紧急制动钩
		牵引销中心线距轨面高度	550mm
		轴距	芯盘距离4500mm，转向架轴距1800mm
		轮径	ϕ840mm
		轴重	20t
		减速机型号及生产厂家	SNR80-18.68，湖北赛尼尔传动机械制造厂、江苏泰隆或湖北巨鲸
		传动比	18.68
2	超级电容组	电容型号	S585V115-K11
		电容生产厂家	上海奥威
		电容使用寿命	≥50000次或5年
		一次充电行驶里程	≥5km
		单元电压	2.8~4.05V
		单元容量	25W·h
		每台机车配备电池组数量	1组
		每组电容箱数	1箱
		每箱电容数量	2880支
		输出电压等级	420~590V

续上表

序号	部件	项目名称	参数
3	变频器	变频器生产厂家	汇川科技有限公司
		变频器型号	MD400T400Q
		变频器功率	400kW
		适用范围	80t 超级电容交流牵引电机车
		牵引变频器额定容量	565kVA
		输入电压(DC)	360~600V
		输出电压(AC)	0~400V
		输出电流(AC)	0~725A
		输出率频率范围	4~80Hz
		恒扭矩频率范围	4~40Hz
		恒功率频率范围	40~80Hz
		冷却方式	风冷
4	牵引电机	电机型号	YVF-90Q
		电机生产厂家	湘潭如意电机电器有限公司
		额定功率	90kW
		最大转矩	2300N·m
		额定转速	785r/min
		最高转速	1570r/min
		额定电压	400V
		额定电流	156A
		额定频率	40Hz
		额定功率因数	0.86
		额定效率	91%
		防护等级	IP55
		冷却方式	自冷
5	空气系统	空压机生产厂家	捷豹空气压缩机
		空压机型号	ET-15100
		额定风量	1.67m³/min
		最低制动风压	0.8MPa

配套运输设备技术参数表　　　　　　表2-8

序号	名称	类别	参数
1	砂浆车	型号、规格	CSJ15-1000，15m³
		走行搅拌	电机减速机驱动搅拌轴旋转
		外形尺寸	6418mm×2000mm×3000mm（以图纸为准）
		自重	9.8t
		轴距	2900mm
		轮径	ϕ550mm
		牵引销中心线距轨面高度	550mm
		搅拌箱尺寸	4100mm×2000mm×2208mm
		总容量	15m³
		搅拌电机、减速装置生产厂家	湖北赛尼尔传动机械制造厂
		型号、规格	SNRKABT13-79.75-Y180L-6-15kW-M4-270°
		转速	12r/min
		功率	15kW
		搅拌扭矩	11.8kN·m
		搅拌轴的密封方式	机械密封+电动注油
		搅拌叶片材质	Q235B
		直径	ϕ1960mm
		转速	12r/min
		砂浆泵类型	卧式离心泵
		砂浆泵生产厂家	石家庄泵业集团
		型号	3PN
		规格	3PN-22kW
		砂浆泵电机生产厂家	合肥皖南机电有限公司或其他同类产品
		型号、规格	YE2-180M-4
		功率	22kW
		电压	380V
		流量范围	100~150m³/h
		压力范围	0.2~0.3MPa
		泵送距离	15~20m

续上表

序号	名称	类别	参数
1	砂浆车	整车制动方式	行车给气制动/驻车排气制动
		最小转弯半径	30m
		减振方式	螺旋弹簧减振
2	管片车	型号、规格	SGP15-1000
		外形尺寸	5468mm×2000mm×906mm（以图纸为准）
		载重	40t
		自重	5.9t
		轴距	1230mm
		轮径	φ400mm
		制动方式	行车给气制动/驻车排气制动
		最小转弯半径	25m
		减振方式	转向架螺旋弹簧减振
		牵引销中心线距轨面高度	550mm
3	储浆罐	型号、规格	SJG15-1000
		走行搅拌	电机减速机驱动搅拌轴旋转
		外形尺寸	5733mm×2000mm×3000mm（以图纸为准）
		自重	7.8t
		搅拌箱尺寸	4100mm×2000mm×2208mm
		总容量	15m³
		搅拌电机、减速装置生产厂家	湖北赛尼尔传动机械制造厂
		型号、规格	SNRKABT13-79.75-Y180L-6-15kW-M4-270°
		转速	12r/min
		功率	15kW
		搅拌扭矩	11.8kN·m
		搅拌轴的密封方式	机械密封+电动注油
		搅拌叶片材质	Q235B
		直径	φ1960mm
		转速	12r/min

续上表

序号	名称	类别	参数
3	储浆罐	砂浆泵类型	卧式离心泵
		砂浆泵生产厂家	石家庄泵业集团
		型号	3PN
		规格	3PN-22kW
		砂浆泵电机生产厂家	合肥皖南机电有限公司或其他同类产品
		型号、规格	YE2-180M-4
		功率	22kW
		电压	380V
		流量范围	$100 \sim 150 m^3/h$
		压力范围	$0.2 \sim 0.3 MPa$
		泵送距离	$15 \sim 20m$

2.3.5 钢球基座结构设计

钢球基座主要包括自调心顶座、防脱板、中间座、钢球防脱圈、钢球。自调心顶座可分为圆柱支座与半圆球头两部分，圆柱支座为 40cr 钢，尺寸为 $\phi 400mm \times 120mm$，顶部可与钢套筒底座焊接；半圆球头优选 Q345B 钢材，尺寸为 $\phi 200mm \times 120mm$，与下部中间座凹槽直接摩擦接触，在钢球支座整体触地时，半圆球头可与中间座相对旋转，以确保下部钢球同时触及工作井底板。防脱板材质为 Q235B 钢材，尺寸为 $80mm \times 16mm \times 130mm$，防脱板上半部设置直径 38mm 孔，用以安装弹簧或倒链对自调心顶座起到限位的作用。中间座为三角形支腿状，为结构主要受力结构，优选 40Cr 钢，高度 160mm，顶部中心设置凹槽，与自调心球头同径，深度 80mm；底部设置直径 $100mm \times$ 深度 60mm 凹槽，用以安装下部钢球；侧向设有直径 8mm 油孔，可在施工过程中注入黄油润滑。钢球防脱圈材质优选 Q235B 钢材，尺寸为内径 $89mm \times$ 外径 160mm，通过螺栓与中间座连接，主要防止钢球脱落；钢球直径为 100mm，其转动直径为 500mm，放入中间座支腿凹槽内，与地面直接接触，作为盾构与钢套筒主要行走部件。钢球组图如图 2-23 所示。

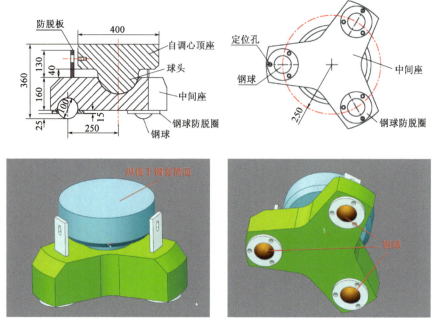

图 2-23　钢球组图(尺寸单位:mm)

2.4　现场应用情况

(1)地质情况是盾构设备选型的基本依据,选型过程应认真细致查阅详勘地质报告的内容,并加强与勘察单位的联系,确保已勘探钻孔数据的准确性,必要时可增加现场补勘,且设备及功能选型还要考虑一定的余量。

(2)盾构设备选型还需考虑到后续项目的施工,在功能和相关动力方面可以适当增加,如刀盘扭矩、掘进总推力可以适当增加,刀具配置设置带刀箱的可以更换刀具等,避免后续项目无法使用,造成成本浪费。

(3)为保证钢套筒始发和接收的顺利进行,确保钢套筒与反力系统相互匹配,钢套筒和反力架设备宜选择同一家设计单位、同一家制造单位。

(4)钢套筒、反力架以及转体钢球组等结构的强度、变形以及安全系数必须由有资质的单位进行验算复核。

(5)泥水处理设备的压滤机即使现场可能用不上,也应配置到位,防止地质突变或受政策影响,导致泥浆无法及时外运而造成停机。

CHAPTER THREE 第3章

衬砌管片预制、运输及修补

3.1 衬砌管片模具

3.1.1 隧道衬砌结构

盾构管片设计为双面楔形通用环,外径11800mm,内径10800mm,环宽2m,壁厚500mm,楔形量为40mm。管片拼装采用"5+2+1"形式拼装,即5块标准环、2块临接环、1块封顶环(K块),根据隧洞线形和掘进姿态进行旋转(确定K块位置),错缝拼装。管片间采用斜螺栓连接,环缝采用16个M36螺栓连接,纵缝采用46个M30螺栓连接,衬砌混凝土为C60P12。

管片环缝采用三元乙丙橡胶条,纵缝采用丁晴软木橡胶垫,边角设置遇水膨胀止水胶。隧道贯通后进行60°范围嵌缝和所有螺栓孔封堵。

盾构管片设计如图3-1所示。

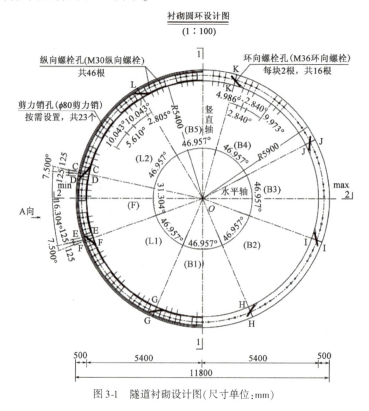

图3-1 隧道衬砌设计图(尺寸单位:mm)

3.1.2 衬砌模具设计

本项目管片生产采用陕西杨凌 CBE 公司生产的高精度钢筋混凝土管片模具,振捣形式为振动台自动化生产线,具有自动化程度高、生产效率高、混凝土振捣均匀等诸多方面的优点。高精度模具是生产高精度管片的基础,因此必须注意规范使用模具,并且定期检测和维护,出现尺寸偏差时需及时校正。管片模具尺寸允许偏差见表3-1。

管片模具尺寸允许偏差　　　　　　　　　　　　　　　表3-1

序号	项目	允许偏差	检验方法
1	宽度(mm)	±0.4	6点/片
2	弧弦长(mm)	±0.4	4点/片
3	靠模夹角间隙(mm)	≤0.2	4点/片
4	对角线(mm)	±0.8	2条/片
5	内腔高度(mm)	±1.0	6点/片

注:靠模夹角间隙是指采用由管片模具厂提供的靠模测得的模具的端模与底模、端模与侧模的间隙。

3.2 衬砌管片预制

3.2.1 管片预制过程

管片预制生产按流程分为钢筋制作、管片成品生产和管片成品堆放,生产效率为4环/d。详细的生产流程见表3-2。

管片预制过程及技术要点　　　　　　　　　　　　　　表3-2

序号	工序	关键技术要点	示意图
1	钢筋加工	钢筋组严格按照工程部下达的配料表、生产任务单选料、下料,按图施工	

续上表

序号	工序	关键技术要点	示意图
2	钢筋笼焊接	安装时仔细检查受力筋的级别、规格、长度、数量,钢筋焊接采用二氧化碳气体保护焊,严格掌握好钢筋骨架的焊接质量,控制好焊机电流,做到钢筋不咬肉,骨架不开焊、不变形。焊缝表面不允许有气孔和夹渣	
3	脱模	管片蒸养强度达到 20MPa 以上,开始脱模,采用专用吊具将管片缓慢吊出	
4	模具清理	用专用工具将模具内侧各个表面及各个接缝处的残留混凝土块、混凝土浆等进行彻底清理	
5	涂刷脱模剂	使用专用涂刷脱模剂等工具,对模具内表面及盖板内表面进行涂刷,脱模剂的喷涂量必须满足规定要求	

续上表

序号	工序	关键技术要点	示意图
6	钢筋骨架入模	专用吊具将成品钢筋骨架吊装到模具中,需精确入模位置	
7	模具组装	需确认模具是否紧固到位,各个螺栓孔是否插入完全	
8	预埋件安装	进行检查确认,防止预埋、紧固、尺寸精度等出现超差情况	
9	混凝土浇筑成型	确保混凝土振捣密实,混凝土表面停止沉落或者沉落不显著;混凝土表面气泡不再显著冒出;混凝土表面呈水平,并有灰浆出现确保混凝土已将模板边角部位填满充实,并没有灰浆出现	

续上表

序号	工序	关键技术要点	示意图
10	管片混凝土光面	确保管片外弧面光滑无气泡	
11	蒸汽养护	需严格控制温度和时间	
12	管片厂成品检查	检查管片外观质量并进行标识	
13	管片标记	喷涂清晰,二维码贴纸粘贴牢固	

续上表

序号	工序	关键技术要点	示意图
14	水池养护	水平垂直运输时需缓慢,避免使管片造成破损,水池中养护7d后再用平板车转运至存放场进行保湿养护7d,控制养护时间与养护质量,保证管片混凝土质量,池水应淹过管片顶面,保证整块管片泡在水中	
15	管片存放	管片堆放场地坚实平整,排水流畅,支垫稳固可靠。管片堆放前,需用橡胶护套对管片进行护边处理,无倾斜感,管片与管片之间设置有柔性垫条(120mm×120mm松木条)相隔,垫条摆放的位置均匀,厚度一致,卧放不超过5层	

3.2.2 质量控制要点

盾构衬砌管片预制工序质量控制要点见表3-3。

管片预制工序质量控制要点　　　　表3-3

序号	项目	操作要点
1	原材料进场、外加工采购件	进料验收:质量应符合要求,质保书(合格证)及时到位,确认有效性,标识状态。 原材料复试:及时按规范规定项目复试,信息及时反馈,确认状态 原材料管理台账,规范整洁填写
2	钢筋骨架制作	断料、弯弧、弯曲成型半成品检查:尺寸、外型应符合标准要求,杜绝不合格品进入下道工序。 钢筋骨架检测:按规定标准实测实量,填写工序检查记录表,标识状态

续上表

序号	项　　目	操 作 要 点
3	管片制作	管片混凝土浇捣前检查：①钢模检测：清模、隔离剂涂刷、合模、精度检测，填写工序检查记录表。②钢筋骨架入模：入模定位固定，钢筋保护层垫块布设符合制作工艺要求，预埋件位置、数量、规格和安装固定情况应符合要求。 管片混凝土浇捣：①确定混凝土拌制配合比。②混凝土坍落度测试记录：确认混凝土拌制质量。③抗渗、抗压试块制作：满足规定试块留置数量，标识正确，报告规范出具。 管片脱模检查：①检测管片宽、弧弦长、厚尺寸，检查混凝土外观质量。②确认管片品质状态：合格/修整/不合格。 管片养护：①按工艺规定，控制好静、升、恒、降四阶段蒸养过程，规范如实填写蒸养记录。②入池水养：7d，管片全部浸没水中，入池温差<20℃
4	管片堆放和吊运	管片堆放严格按规定的间距和堆放高度进行堆放。管片间隔衬垫具有厚度柔条，垫条位置按规定设置。管片吊运应采用专用吊具和支架，并在吊运和堆放过程中采取相应的防撞、防倒隔离、固定措施
5	抽检项目	①管片检漏：要规定抽检率足量进行管片检漏，检漏压力和程度按规定要求进行，规范填写管片检漏记录表。 ②三环水平拼装：根据设计或规范要求作三环水平拼装，规范填写检测记录
6	管片出场	出场前管片终检，确认合格品，加盖合格章标识。管片出场应同相符出场合格证同步送至用户，用户收货后确认回执送返发货单。管片出场运输单应包括数量和管片品质，并由运输单位确认及时回执
7	质量日志	质量日志应有专人负责记录，内容齐全、字迹整洁、妥善保管
8	其他	各类内业资料有专人负责及时收集，分类成册，妥善保管。图纸、文件等收发应按有关程度文件规定进行有效控制

3.3　衬砌管片运输

本项目隧道衬砌管片混凝土强度设计为C60，防渗等级为P10，由于当地原材料供应质量不稳定，供应能力不能保证管片生产的需求，故本项目管片预制厂定在中国江苏省镇江市，管片生产完成后经管片厂内河码头运至外贸码头（上海港），船船直取装船、报关、管片固定和防护、保险后海运至孟加拉吉大港，卸船、清关后车船直取陆运至卡纳普里河底隧道管片堆场。管片运输过程中经过多次转倒吊运，发生磕碰、产生缺棱掉角的可能性比较大，所以在运输个环节过程中管片防护为管片运输过程中的首要工作。

3.3.1 管片运输

（1）管片运输作业流程及控制要点

管片运输作业流程及控制要点见表3-4。

管片运输流程　　　　　　　　　　表3-4

序号	步骤	示意图	控制要点	备注
1	包装前管片验收检查		管片包装前需进行对管片完整性三方验收	做好细部破损影像资料收集
2	厂内包装		需对包装材料与质量进行检查，根据前方掘进进度制定包装管片型号和数量	
3	厂内装船		装船时需做好管片保护，厂内车辆运输需控制车速，装船时管片间距应为30cm，最底层垫木尺寸为150cm×20cm×20cm，管片堆放最高为4层	

续上表

序号	步骤	示意图	控制要点	备注
4	上海港装船		需对海船工人进行班前教育，装货结束时需对管片进行绑扎，管片之间安置T形木	码头海浪大时需暂停作业
5	吉大港卸船		卸船时起重机应慢起慢放，并进行固定绑扎，每车两管片之间应留足够空间	
6	运输至项目管片堆场		车辆应控制运输车速，进厂前应进行外观检查	

(2)船型选择

水上运输应重点关注运输船选型、运输船中的管片堆放和固定方式，针对大风浪恶劣天气制定运输专项方案。船型选择上，优先选用无暗舱的 Box shape 船型或在进行管片装载时不选择装在暗舱内(亏舱成本)，以便装卸可采用直上直下的吊装方式，避免叉车转倒破坏管片。管片水上运输示意如图3-2所示。

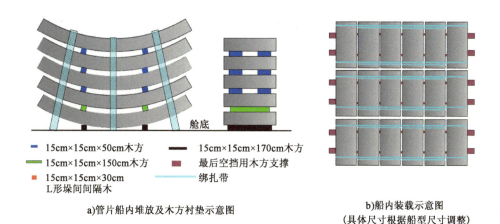

a) 管片船内堆放及木方衬垫示意图　　　b) 船内装载示意图
　　　　　　　　　　　　　　　　　　　（具体尺寸根据船型尺寸调整）

图 3-2　管片水上运输示意图

3.3.2　管片保护

管片运输保护包装基于缓冲包装原理,在产品外观增加包装,使其具备适当的防护能力,以抵抗来自运输和搬运方面的振动与冲击。缓冲包装材料见表 3-5,可供类似长距离运输管片参考使用。

包装材料一览表　　　　　　　　　表 3-5

材料名称	尺　寸	包装部位
1 号珍珠棉包装带	长 200cm × 宽(20 + 10)cm,厚 0.9cm	内弧面短边
珍珠棉护角	长 15cm × 宽 15cm × 高 15cm,厚 2cm	外弧面边角
1 号珍珠棉 L 形护套	长 170cm × 宽 15cm × 高 10cm,厚 2cm	外弧面短边
塑料防护套	长 53cm × 宽 20cm × 20cm,厚 0.8cm	边角及棱边
2 号珍珠棉包装带	长 450cm × 宽(20 + 10)cm,厚 0.9cm	内弧面长边
2 号珍珠棉 L 形护套	长 450cm × 宽 15cm × 高 10cm,厚 2cm	外弧面长边
涤纶保护绳	直径 5cm	止水槽区域、外弧面
塑钢绑扎带	宽 16mm,厚 0.9mm	整体绑扎

根据管片结构特色,重点对管片止水槽区域进行包装保护,主要包括边角包装、短边包装、长边包装、整体包装四部分。包装后管片船舶直运,入仓后管片平放一般不超过 8 层,每堆间采用"奥林匹克"环进行固定,管片与仓壁间采用方木支垫隔离。长距离运输管片包装方法见表 3-6。

长距离运输管片包装方法一览表　　　　　表 3-6

包装位置	包装方法	示意图
边角包装	对管片 8 个角安装珍珠棉及塑料防护套，内弧面 4 个角可直接安放，外弧面 4 个角可放于塑料保护套内一同安装，同时塑料防护套起临时固定作用	
短边包装	①内弧面短边包装：包装材料为 1 号珍珠棉包装带。包装时，内弧面包边 10cm 宽的珍珠棉，沿管片棱边方向等长覆盖，由塑料防护套进行临时固定。 ②外弧面短边包装：包装材料为 1 号珍珠棉 L 形护套。外弧面包边 10cm 宽的珍珠棉，其他包装方式同内弧面短边包装	
长边包装	①内弧面长边包装：包装材料为 2 号珍珠棉包装带。包装时，内弧面包边 10cm 宽的珍珠棉，沿管片棱边方向等长覆盖，由塑料防护套进行临时固定。 ②外弧面长边包装：包装材料为 2 号珍珠棉 L 形护套。外弧面包边 10cm 宽的珍珠棉，其他包装方式同内弧面长边包装	
整体包装	在上述 3 道包装工序完成后，首先对管片长边中间区域进行绑扎包装，绑扎材料为塑钢帮扎带，绑扎 4 道。然后对止水槽区域外侧加设一道涤纶保护绳，可与绑扎带进行固定；从内弧面塑料保护套处开始对外弧面加设两道涤纶保护绳。最后利用自动绑扎机，对管片包装材料进行再次固定	

3.4 衬砌管片修补

3.4.1 管片破损类型及定义

(1) 预制阶段管片缺陷分类

预制管片一般缺陷包括少量非纵向钢筋的暴露,非主要受力部位的少量蜂窝、孔洞、夹渣、疏松,不影响结构性能的裂缝和少量不影响装饰功能的麻面、起砂、气泡等。预制管片不应出现严重缺陷,缺陷分类见表3-7。

预制阶段管片缺陷分类　　　　　表3-7

名称	现象	严重缺陷	一般缺陷
露筋	构件内钢筋未被混凝土包裹而外露	纵向受力钢筋有露筋	其他钢筋有少量露筋
蜂窝	混凝土表面缺少水泥砂浆而形成石子外露	构件主要受力部位有蜂窝	其他部位有少量蜂窝
孔洞	混凝土中孔穴深度和长度均超过保护层厚度	构件主要受力部位有孔洞	其他部位有少量孔洞
夹渣	混凝土中加有杂物且深度超过保护层深度	构件主要受力部位有夹渣	其他部位有少量夹渣
疏松	混凝土中局部不密实	构件主要受力部位有疏松	其他部位有少量疏松
裂缝	裂缝从混凝土表面延伸至混凝土内部	构件主要受力部位有影响性能或使用功能的裂缝	其他部位有少量不影响结构性能或使用功能的裂缝
连接部位缺陷	构件连接处混凝土有缺陷或连接钢筋,连接件松动	连接部位有影响结构传力性能的缺陷	连接部位有基本不影响结构传力性能的缺陷
外形缺陷	缺棱掉角、棱角不直、翘曲不平、飞边凸肋等	清水混凝土构件有影响使用功能或装饰效果的外形缺陷	其他混凝土构件有不影响使用功能的外形缺陷
外表缺陷	构件表面麻面、掉皮、起砂、沾污等	具有重要装饰效果的清水混凝土构件有外表缺陷	其他混凝土构件有不影响使用功能的外表缺陷

根据裂缝宽度将裂缝分为3类:Ⅰ类裂缝(裂缝宽度<0.05mm);Ⅱ类裂缝(0.05mm≤裂缝宽度<0.2mm);Ⅲ类裂缝(裂缝宽度≥0.2mm)。

(2)运输阶段管片缺陷分类

运输阶段管片缺陷分为严重缺陷和一般缺陷,见表 3-8。

运输阶段管片缺陷分类　　　　　　　　表 3-8

名称	现象	严重缺陷	一般缺陷
外形缺陷	崩角损边、混凝土剥离	保护层脱落,钢筋外露,损伤过大无法保证管片完整性的破损,密封槽部位贯穿破损	管片一般破损
外表缺陷	构件表面掉皮、沾污等	—	构件表面掉皮、沾污等
裂缝	运输过程中不均匀受力导致裂缝产生	贯穿裂缝	非贯穿裂缝

严重缺陷包括管片混凝土大面积剥离、钢筋外露和贯穿性裂缝。上述严重缺陷中,发生在管片止水槽部位的缺陷,且缺陷部位超过止水槽宽度的一半,不予修补;贯穿止水槽部位的裂缝,不予修补。

一般缺陷包括管片混凝土小面积剥离、崩角损边、沾污和非贯穿性裂缝。

根据裂缝宽度将裂缝分为 3 类:Ⅰ类裂缝(裂缝宽度 <0.05mm);Ⅱ类裂缝(0.05mm≤裂缝宽度 <0.2mm);Ⅲ类裂缝(裂缝宽度≥0.2mm)。

(3)掘进阶段管片缺陷分类

掘进阶段管片缺陷分为管片自身结构破损和成型隧道阴湿渗水,缺陷分类见表 3-9。

盾构掘进阶段管片缺陷分类　　　　　　　表 3-9

名　称	现　象	严重缺陷	一般缺陷
定位孔破损	定位销孔表剥落、损伤	—	—
边角剥落	棱边出现表皮剥落和棱角崩角	—	—
干裂缝	裂缝位置干燥,无渗水漏水	—	—
湿裂缝	裂缝位置有渗漏、滴水现象	—	—
阴湿渗水	环纵缝、螺栓孔、注浆孔处阴湿渗水	—	—

注:当掘进过程中管片出现严重缺陷,具备更换条件时,进行更换,严重缺陷定义参照表 3-7 或由现场设计代表和施工监理商定。

管片自身结构破损包括管片定位销孔表剥离、管片边角剥离、螺栓孔口剥离和裂缝。

裂缝按照有无渗漏情况分为干裂缝和湿裂缝,根据裂缝宽度将裂缝分为3类:Ⅰ类裂缝(裂缝宽度<0.05mm);Ⅱ类裂缝(0.05≤裂缝宽度<0.2mm);Ⅲ类裂缝(裂缝宽度≥0.2mm)。

成型隧道渗漏阴湿渗水包括环纵缝、螺栓孔、注浆孔处阴湿渗水。

3.4.2 管片修补工器具

管片修补工具包括铝合金条、瓦刀、钢丝刷、毛刷、高压水枪、海绵、切割机、磨光机等。主要工器具如图3-3所示。

a)修补棚　　　　　b)修补台座

c)修补模具　　　　d)洞门修补架

图3-3　管片修补工器具

3.4.3 管片修补材料

管片修补材料的选择,应根据缺陷的类型、施工工艺、使用环境,并结合材料物理力学性能检测、工艺性能及环保等因素,综合分析确定;修补材料的耐久性指标不得低于管片结构本体的耐久性要求;修补材料各项性能指标应符合相关规范及设计、施工要求;配制修补材料所用水泥、集料等材料的品种或性能应与原管片混凝土所用材料品种相同或性能相近;修补材料应选用无毒或低毒的材料。管片修补材料见表3-10。

管片修补材料一览表 表3-10

序号	材料名称	主要技术参数	用途
1	Master-brace 1438	抗拉强度≥15MPa 抗压强度≥55MPa 28d体积收缩率≤3%	管片剥落、掉块和裂缝修补
2	白水泥		管片修补调色
3	水泥渗透结晶材料	含水率≤1.5% 28d抗折强度≥2.8MPa 28d抗压强度≥15MPa	裂缝修补
4	聚氨酯堵漏材料	28d抗折强度≥8MPa 28d抗压强度≥50MPa 28d黏结强度≥1.2MPa 28d抗渗能力≥1.5MPa 28d收缩率≤1%	止漏堵水
5	界面处理剂	14d剪切黏结强度≥1.5MPa 14d拉伸黏结强度≥0.6MPa	改善基层黏结性能
6	钢筋阻锈剂	耐盐水、耐锈蚀 28d抗压强度比>0.9	钢筋防腐

3.4.4 管片修补工艺

1)一般规定

(1)当气温低于5℃或高于35℃时,不宜施工。

(2)修补前须确定裂缝处于静止状态,方可施工。

(3)修补前,应观察缺陷位置有无渗漏现象,如发现渗漏,应采取措施堵水止漏,待缺陷位置干燥后,方可进行修补施工。

(4)缺陷修补及养护期间,修补部位严禁高温烘烤或外力撞击,不宜施加其他形式荷载。

(5)应待隧道沉降稳定后再开展管片渗漏修补,以免隧道沉降引起的结构张开或开裂造成渗漏治理失效。

2)预制阶段管片缺陷修补

(1)管片起砂、气泡修补

管片气泡修补材料宜采用环氧封闭胶。环氧封闭胶推荐理论配合比为 A(环氧树脂):B(固化剂)=2:1(体积比)。现场施工配合比应参考理论配合比,通过试验确定。

①管片混凝土缺陷部位应先打毛处理,露出坚实部分,将修补面清理干净,使其表面无尘、无松散颗粒、油污等,表面油污可采用无害清洁剂清洗干净。

②在修补前,应对修补面进行洒水处理,使之保持湿润状态,且无水珠存在,以保证新的修补材料与原混凝土面结合良好。

③用抹刀将修补材料抹到经处理的气泡上,根据气泡深度,需分多次进行涂抹,保证修补材料充分填充。

④修补面干燥后,用细砂皮打磨修补面,使修补面和管片整体平整、光滑一体。

(2)管片蜂窝、麻面、孔洞和夹渣修补

管片麻面修补材料宜采用环氧砂浆,环氧砂浆推荐理论配合比为环氧胶(环氧树脂:固化剂=2:1,体积比):石英砂=1:(1.8~2.2)(质量比),石英砂建议使用28~48目之间的连续级配洁净石英砂。现场施工配合比应参考理论配合比,通过试验确定。

①首先凿除缺陷部位混凝土表面的松散层,直至露出坚实混凝土为止,再对修补面进行清除处理,清除表面附着物、油污、污垢、灰尘等。出现裸露钢筋部位应先除锈,喷涂一层阻锈材料或者防腐涂层等。

②修补前对修补面进行洒水处理,使之保持湿润状态,且无水珠存在,喷涂界面处理剂,以增强修补材料与管片混凝土之间的黏结。

③在喷涂材料尚未凝固时,采用配置好的环氧砂浆分层分区抹面修补,分层法修补的每层厚度应控制合理,并且用力反复压抹,以保证修补的密实性,最后一层抹平、收光,以恢复原管片混凝土结构外观。

(3)管片裂缝修补

①宽度≤0.05mm 裂缝。

宽度小于 0.05mm 的裂缝或者管片表面的龟裂纹可不作修补,如果建设单位有特殊要求,可以采用表面渗透结晶材料进行涂抹封闭处理。

②宽度为 0.05~0.2mm 裂缝。

采用开槽修补法和凿除封闭法对裂缝进行修补。

对于单条裂缝,且裂缝沿某一固定方向发展,采用开槽修补法。

修补材料宜采用环氧砂浆。环氧砂浆推荐理论配合比为环氧胶(环氧树脂:固化剂=2:1,体积比):石英砂=1:(1.8~2.2)(质量比),石英砂建议使用28~48目之间的连续级配洁净石英砂。现场施工配合比应参考理论配合比,通过试验确定。

采用开槽修补法,将裂缝两侧混凝土表面进行凿毛,沿裂缝方向凿成深度为5~20mm 的 V 形凹槽,扫净并洒水润湿,分 2~3 层涂抹,并压实抹光。涂刷后至表面干燥(2~4h),开始润湿养护,时间不少于 2d,每天向涂层喷水 6~10 次(保持湿润,根据天气状况增加频次),并用薄膜覆盖。养护期满后对修补位置进行磨光处理。

对于小块区域的复数条裂缝,或者单一裂缝,但其分支较多,且发展方向无序的情况,应采用凿除封闭法。

修补材料宜采用环氧砂浆。环氧砂浆推荐理论配合比为环氧胶(环氧树脂:固化剂=2:1,体积比):石英砂=1:(1.8~2.2)(质量比),石英砂建议使用28~48目之间的连续级配洁净石英砂。现场施工配合比应参考理论配合比,通过试验确定。

首先应根据裂缝确定修补范围,修补范围应该略大于裂缝的分布范围,按照裂缝的深度,凿除修补范围混凝土,再对修补面进行清除处理,清除表面附着物、油污、污垢、灰尘等。

修补前对修补面进行洒水处理,使之保持湿润状态,且无水珠存在,喷涂界面处理剂,以增强修补材料与管片混凝土之间的黏结。

在喷涂材料尚未凝固时,采用配置好的环氧砂浆分层分区抹面修补,分层法修补的每层厚度应控制合理,并且用力反复压抹,以保证修补的密实性,最后一层抹平、收光,以恢复原管片混凝土结构外观。

③宽度≥0.2mm 裂缝。

宜采用灌浆法对裂缝进行灌注。

环氧灌浆工艺可采用空气泵压注法或壁可法。壁可法是日本 SHO-BOND 建设株式会社开发的专利技术,采用橡胶管将修复材料自动注入混凝土裂缝中,在注入过程中,压力保持均衡(一般为 $30N/cm^2$)。

空气泵压注法灌浆的步骤如下。

第一步:粘贴灌浆嘴及裂缝表面封闭。

裂缝表面处理:将所有裂缝两边 30~40mm 范围内的灰尘用毛刷或压缩空

气清除干净,凿去浮浆,然后用酒精清洗,清除裂缝周围的油污。

粘贴灌浆嘴,灌浆嘴的间距根据缝长及缝宽确定,宽缝宜稀,窄缝宜密,一般在 250~350mm 之间。每条裂缝上至少应有一个进浆嘴和一个出浆嘴。

裂缝表面封闭:用结构胶沿裂缝走向自上而下均匀涂刷两遍,形成宽 50~60mm 的封闭带,以保证管片缝隙完全充填修补材料,同时无材料外渗。

第二步:压气试验。

结构胶封闭带硬化后,须进行压气试验,气压控制在 0.2~0.4MPa,对漏气部位进行二次封闭。

第三步:修补材料灌注操作方法。

压浆罐与灌浆嘴用聚氯乙烯高压透明管相连接,连接处要求严密不漏气。灌浆过程中控制压力逐渐升高,防止骤然加压导致裂缝扩大,压力宜控制在 0.2~0.4MPa。

灌浆顺序:按照裂缝发展方向,由低点逐段压向高点,一点开始压浆后,待另一点的灌浆嘴流出的浆液浓度与压入浆液浓度相同后,可关闭出浆嘴阀门,并保持压力 1~3min。

对于已灌完的裂缝,待浆液聚合固化后将灌浆嘴拆除,并对混凝土表面进行修整处理,使其表面平整、洁净、无色差。

空气泵压注法示意如图 3-4 所示。

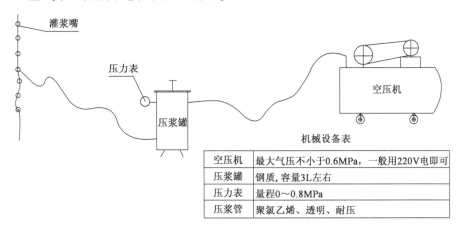

图 3-4 空气泵压注法示意图

壁可法灌浆的步骤如下。

第一步:粘贴注入器及裂缝表面封闭。

清除混凝土裂缝表面松散物和缝内异物。

配置封闭胶，封闭胶由主剂及硬化剂两部分构成，按比例进行配制。

用封闭胶将注入器粘在裂缝的中心，裂缝注入器的间距按每米不少于4个布置。每条裂缝上至少应有一个进浆嘴和一个出浆嘴，用封闭胶密封注入器的周围，并沿裂缝按5cm宽建立密封带。

第二步：压气试验。

待封闭胶固化后，加压检查密封效果，通入气压为0.2MPa的压缩空气，检查密封效果，若发现漏气部位，进行二次补封处理。

第三步：修补材料灌注操作方法。

按比例配置灌缝胶。将灌缝胶混合后倒入胶枪内，通过过滤器把混合物压进注入器内，当材料充满注入器的充填量限筒（外径增加至28mm）时停止注入。注入器利用橡胶管的压力保持低压持续注入；如果注入器膨胀后收缩较快，说明该裂缝较深，缝内空隙较大，应立即补充灌胶液，直到注入器达到膨胀状态。

灌浆顺序：垂直缝应自下而上灌浆，水平缝自低点向高点逐段进行。

注胶结束后，胶液自行固化（通常需时8~12h），可捏压注入器了解固化情况，待胶液固化后，敲掉注入器，并对混凝土表面进行修整处理，使其表面平整、洁净、无色差。

壁可法压力灌胶示意如图3-5所示。

3）运输阶段管片缺陷修补

（1）管片混凝土剥离修补

修补材料宜采用环氧胶或者环氧砂浆，环氧胶推荐理论配合比为环氧树脂:固化剂=2:1（体积比），环氧砂浆推荐理论配合比为环氧胶（环氧树脂:固化剂=2:1，体积比）:石英砂=1:(1.8~2.2)（质量比），石英砂建议使用28~48目之间的连续级配洁净石英砂。现场施工配合比应参考理论配合比，通过试验确定。

兼顾修补质量与施工成本考虑，小块剥离直接使用环氧胶进行修补，大块剥离采用环氧砂浆修补。

①清理破损面。

管片破损面清理分为三步：管片吊放至修补架后，立即将管片破损剥落处混凝土处理干净，对破损周边和已经破损但未剥落处进行凿除清理，用钢刷清除修补处松动混凝土块及粗集材，其清除效果应达到目视检查混凝土与粗集料间无缝隙以及指触无混凝土块及粗集料。

破损表面采用高压水枪和钢丝刷处理干净，使表面无尘，无松散颗粒、油污等。

润湿混凝土基层,用水充分浸透空隙,涂刷界面剂。

②修补施工。

修补位置采用分次批刮施工工艺,批刮要压实顺滑,每次批刮厚度控制在15mm,修补时间间隔为6~7h,管片破损修补完成后,安装专用夹具进行固定。

修补砂浆干燥硬化后,用细砂纸打磨修补面,调色抹平,使修补处和管片整体平整、顺滑成一体,且无色差。

图3-5 壁可法压力灌胶示意图

(2)管片崩角掉边修补

修补材料宜采用环氧砂浆,环氧砂浆推荐理论配合比为环氧胶(环氧树脂:固化剂=2:1,体积比):石英砂=1:(1.8~2.2)(质量比),石英砂建议使用28~48目之间的连续级配洁净石英砂。现场施工配合比应参考理论配合比,通过试验确定。

管片破损处基层采用高压水枪和钢丝刷处理干净,使表面无尘,无松散颗粒、油污等;润湿混凝土基层,用水充分浸透空隙,涂刷界面剂。

对于体积较小的破损,采用修补材料进行修补,抹面工具辅助定型;对于体积、面积较大的缺棱掉角,在破损处周边安装模板(铝合金条或专用模板),管片修补砂浆填充管片破损区,采用专用工具捣实,待修补材料初凝后拆除模板。修补混凝土干燥硬化后用细砂纸打磨修补面,使管片和修补棱角平整、顺滑成一体,且无色差。

(3)管片漏筋补强修补

管片受外力挤压或碰撞,出现大块混凝土剥离,缺陷深度超过钢筋保护层,导致钢筋暴露,应立即对管片进行补强修补。

修补材料宜采用环氧砂浆,环氧砂浆推荐理论配合比为环氧胶(环氧树脂:固化剂=2:1,体积比):石英砂=1:(1.8~2.2)(质量比),石英砂建议使用28~48目之间的连续级配洁净石英砂。现场施工配合比应参考理论配合比,通过试验确定。

①清理破损面。

将管片破损剥落处处理干净,对破损周边和已经破损但未剥落处进行凿除清理,用钢刷清除修补处的松动混凝土块及粗集料,达到目视检查混凝土与粗集料间无缝隙、指触无混凝土块和粗集料松动的效果。

②钻孔。

钻孔应适度倾斜,深度为5~10cm,既能保证植筋的有效深度,又不容易贯穿管片,孔间距为20cm左右。打孔完毕后,应清理孔内粉尘,并用毛刷蘸水刷洗表面灰尘、碎屑,若不立即植筋,应暂时封闭孔口。

③植筋补强。

先往孔中注入植筋胶,随后立即将钢筋按单一方向旋转插到底,确保胶水附着在钢筋和管片混凝土上,固化后方可进行下一步操作。注入胶粘剂时,其灌注方式应不妨碍孔中的空气排出,灌注量应以植入钢筋后有少许胶液溢出为度。不得采用钢筋从胶桶中粘胶塞进孔洞的施工方法。从注入胶粘剂到植好钢筋所需的时间,应少于产品使用说明书规定可操作时间,否则应拔掉钢筋,并立即清除失效的胶粘剂,重新按原工序返工。

润湿混凝土基层,用水充分浸透空隙,涂刷界面剂。

在缺陷位置绑扎钢筋网片,用扎丝将钢筋与网片连接牢固,网片若有锈蚀,应先除锈。

涂刷钢筋阻锈剂,保证所有裸露钢筋涂刷均匀。

④修补施工。

修补位置采用分次批刮施工工艺,批刮要压实顺滑,每次批刮厚度控制在15mm,修补时间间隔为6~7h,管片破损修补完成后,安装专用夹具进行固定。

修补砂浆干燥硬化后,用细砂纸打磨修补面,调色抹平,使修补处和管片整体平整、顺滑成一体,且无色差。

4)掘进阶段管片缺陷修补

(1)管片定位孔破损修补

洞内管片修补,因无法使用模具按压来达到控制修补精度的目的,修补材料硬化后,采用气动角磨机进行分层人工打磨,打磨过程中进行多次反复测量,确保满足管片修补精度要求。

(2)管片崩角掉边修补

洞内管片修补,因无法使用模具按压来达到控制修补精度的目的,修补材料硬化后,采用气动角磨机进行分层人工打磨,打磨过程中进行多次反复测量,确保满足管片修补精度要求。

(3)管片露筋补强修补

洞内管片修补,因无法使用模具按压达到控制修补精度的目的,修补材料硬化后,采用气动角磨机进行分层人工打磨,打磨过程中进行多次反复测量,确保满足管片修补精度要求。

(4)管片裂缝修补

湿裂缝应先进行止漏堵水,待裂缝干燥,无渗漏情况后方可进行修补。

湿裂缝区域,后期如需按设计要求覆盖结构混凝土,则仅做止漏堵水处理,不修补。

找到需要封堵的渗水裂缝,在管片上做好标记,确定封堵范围(整个裂缝范围内)。做好堵漏施工记录。

管片裂缝渗漏的堵漏施工位置示意如图3-6所示。

沿裂缝长度开V形槽,槽深×槽宽为30mm×20mm;再沿裂缝长度钻骑缝孔,孔距300mm,孔径14mm,孔深约100mm。

清洗孔壁和基面,确保钻孔和槽缝内无泥垢、碎渣。

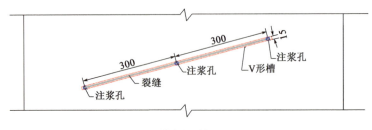

a) 裂缝展开图

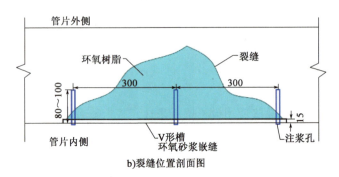

b) 裂缝位置剖面图

图 3-6　管片裂缝渗漏的堵漏施工位置示意图(尺寸单位:mm)

在孔内布设注浆管,管径 8mm,管长约 150mm。人工拌和速凝水泥,用手指按压速凝水泥填满嵌缝,要求嵌入均匀、压贴密实,确保注浆时不漏浆。

依孔序注环氧树脂浆液,压力 0.3～0.4MPa,重复注浆,直到孔口饱满为止(当注浆饱满时,后序孔会有浆液冒出)。灌注完成后清洗注浆机,防止浆液凝固导致注浆机堵管。

待凝 4d 后拆管,用铲刀将原嵌缝的速凝水泥清除,重新用环氧树脂砂浆嵌缝,要求处理后的表面颜色和平整度与原隧道基本一致。

(5) 管片螺栓孔渗漏治理

查找需要封堵的螺栓孔渗漏部位,在管片上做好标记,确定封堵范围(螺栓孔两侧范围内)。做好堵漏施工记录。

管片螺栓孔渗漏的堵漏施工位置示意如图 3-7 所示。

① 布设终止孔。

在环缝处,螺栓位置的两端,布设终止孔,孔径为 32mm,孔深至橡胶止水胶条处。钻终止孔前认真查看管片设计图,明确橡胶止水胶条的位置,注意切勿损坏止水胶条。将终止孔内的碎渣吹干净,用铁棍将速凝水泥顶进去,封闭终止孔,确保注浆时不漏浆。

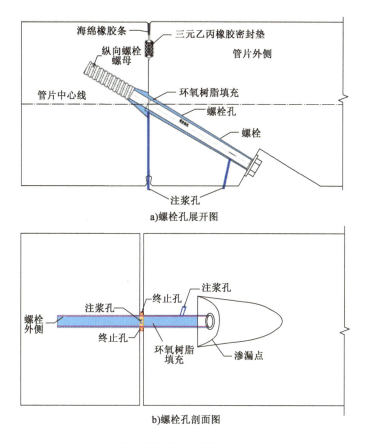

图3-7 管片螺栓孔渗漏的堵漏施工位置示意图

②开孔。

人工拌和速凝水泥封闭螺栓口,在螺栓口位置,斜向穿孔,确保钻孔和螺栓孔相通。清理孔洞,确保孔洞无碎屑、泥垢。

③安装注浆管。

在钻孔内埋设注浆管,设为进浆口,人工拌和速凝水泥,将进浆口周边填压密实。在环缝位置处布设一个注浆管,设为出浆口,人工拌和速凝水泥,用手指按压进缝隙内,将出浆口周边及拼缝填压密实。

④注浆。

待水泥凝结达到强度后进行环氧树脂化学注浆,注浆压力0.3~0.4MPa,应遵循缓注慢灌、逐步升压的原则进行灌注。经进浆口位置,多次重复注浆,直至出浆口流出浆液黏度与初始浆液黏度一致时,方可关闭阀门,并保持压力1~

3min。灌注完成后清洗注浆机,防止浆液凝固导致注浆机堵管。

⑤孔口检查。

待凝8~12h,进行渗漏检查。若再无渗漏情况,即可进行下一步操作;若在螺栓孔位置仍然存在渗漏情况,说明注浆填充不饱满,需重新埋管注浆。

⑥饰面处理。

待浆液聚合固化后将注浆管拆除,并对混凝土表面进行修整处理,使其表面平整、洁净、色泽接近。

5)管片注浆孔渗漏治理

查找需要封堵的注浆孔渗漏部位,在管片上做好标记。做好堵漏施工记录。

若注浆孔出现较大渗漏水,则需重新打开注浆孔注入水泥-水玻璃双液浆进行封堵,具体方法参见《二次注浆施工工艺及质量控制标准》,直到注浆孔无水渗漏为止;若只是少量渗水,则按下述方法进行封堵:

①清理渗水的注浆孔,要求无泥垢和颗粒物。

②钻孔,孔径36mm,孔深100mm,并用钢丝刷进行清理。埋入注浆铝管,管径8mm,管长150mm,用速凝水泥进行压贴密封,确保注浆时不冒浆。

③注入环氧树脂化学浆,压力0.3~0.5MPa,重复注浆,压力到达0.5MPa后稳压15min停止。

④灌注完成后清洗注浆机,防止浆液凝固而导致注浆机堵管。待凝结4d后拆管,清理注浆孔,并用52.5R水泥配置高强度水泥砂浆,将注浆孔填平整,最后用环氧树脂浆液进行饰面处理,保证处理后的隧道表面颜色和平整度与原管片基本一致。

CHAPTER FOUR

第4章

大直径钢套筒辅助盾构进出洞技术

4.1 端头加固技术

盾构进出洞工作井端头加固主要应用于软土地层,增强土体自稳能力,保证盾构进出洞时工作井维护结构外侧土体能够保持稳定,降低洞门凿除过程中及凿除后洞门失稳的风险。其次,防止洞口出现涌砂涌水,造成重大安全质量事故及人员财产损失。此外,端头加固有利于盾构进出洞时盾构姿态的控制,降低盾构出洞时栽头或上漂的风险,保证管片拼装及成形隧道外观质量与稳定等。同时,在盾构进出洞后能够有效降低洞门封堵作业时密封体系破坏后洞门口渗漏、涌水涌砂的风险。

在选择端头加固方法时要综合考虑各种因素,如加固区地层土类别及特点、加固体的深度、周围环境条件、施工工期、施工资源条件、工程经济指标等。其中对于复杂地质条件,应在充分学习地质勘查报告的基础上,根据实际情况进行补勘,详细调查施工区域内地形变化情况、地质成因、地基层状况、软弱土层厚度及不均匀性的分布范围、地下水文情况、地基土的物理和力学性质等相关资料。综合确定合理、适用的端头加固技术,达到预期的加固目的。

本项目隧道盾构进出洞施工场地濒海,并且地质条件复杂,存在粉质黏土、淤泥质粉质黏土及粉细砂互层,主要位于强透水粉细砂层内。施工地下水位较高并且受海水潮汐影响,地下水补给能力强。经过国内外大直径盾构进出洞施工技术调研,结合本项目单台盾构机掘进双线,采用钢套筒辅助盾构进出洞施工方法,加强盾构进出洞密封平衡控制,并且以钢套筒为基座设计平移、转体一体化装置。同时,针对复杂的地质条件,采用端头满堂高压旋喷桩+管井强降水+垂直注浆止水帷幕+钢套筒的多种加固形式,满足盾构进出洞施工安全需求。

4.1.1 端头加固处置

本项目端头高压旋喷桩加固处置采用三重管法,设计桩径为 1200mm,呈正三角形布置,桩芯间距 900mm,桩顶设计高程+2.3m,桩底高程-21.2m,桩身长度 23.5m,地层加固后土体 28d 无侧限强度不小于 1.2MPa,并且具有很好的均匀性。加固范围长度 41.97m,宽度 15m。详细平面布置如图 4-1 所示。

4.1.2 降水井设计及施工

降水井共设计 14 口井,降水水位位于盾构洞门环下部 1m,设计井深 40m。

施工地层从上至下主要为回填土、淤泥质黏土、粉质黏土与粉细砂互层、粉细砂层,整体地层特性为软土。降水井施工采用反循环钻机进行钻孔,钻孔孔径550mm,采用直径273mm、壁厚4mm的钢管,底部设置1m深的沉淀管,滤管为同规格的桥式滤水管,上部采用6m长实管。滤料采用中粗砂回填至实管以上1m,上部回填泥土或场地土至地面。部分孔位需要埋设护筒进行钻孔施工。

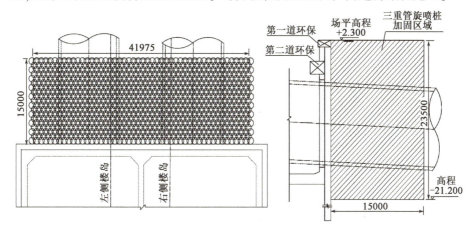

图 4-1 高压旋喷桩端头加固示意图(尺寸单位:mm;高程单位:m)

降水井平面布置示意如图 4-2 所示。

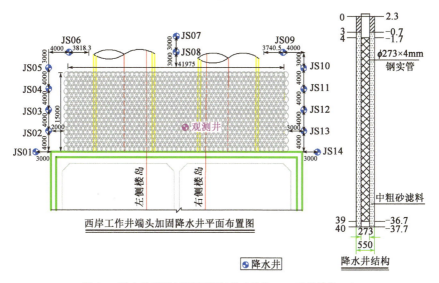

图 4-2 降水井平面布置示意图(尺寸单位:mm;高程单位:m)

4.1.3 垂直注浆帷幕

工作井开挖作业过程中,围护结构周边土体随工作井取土卸荷,加固体与围护结构间易存在空隙附水,尤其在基坑内降水井封井后周围土层上层滞水、下部承压水易填充此空间,对洞门凿除施工有一定影响。

采用钻注一体机对此间隙施工注浆帷幕,注浆形式为 $\phi900mm@300mm$ 并与加固体等深,洞口范围下部打设探孔安装球阀泄水,直至水泥浆停止流出,施工顺序为洞门中心向两侧;注浆采用双液浆,水灰比(质量比)1∶1,水玻璃∶水泥浆(体积比)= 0.4~0.6,围护结构与加固体阴角注浆封闭。

工作井垂直注浆帷幕加固如图4-3所示。

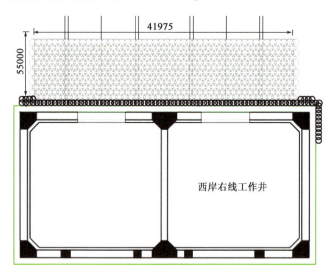

图 4-3　工作井垂直注浆帷幕加固(尺寸单位:mm)

4.2　盾构及钢套筒组装

4.2.1　钢套筒及支撑体系安装

钢套筒安装主要工艺流程如图4-4所示。

(1) 钢套筒组装

底座安装前,首先需要将底座法兰之间密封橡胶圈安装就位。钢套筒设计密封压力要求不小于0.2MPa,接缝位置主要采用M30螺栓及双道橡胶密封圈处理,密封槽内安置φ16mm橡胶条,缝隙采用玻璃胶进行填充,如图4-5所示。

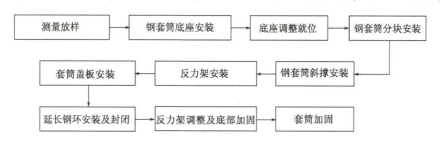

图4-4 钢套筒安装工艺流程

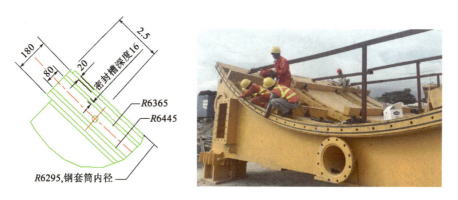

图4-5 底座接缝法兰及双道密封示意图(尺寸单位:mm)

根据隧道设计轴线,结合套筒坡度、预埋钢环实际中心里程和隧道设计轴线进行套筒筒体定位;定位后,在地面将套筒底座翻身,进行调坡支墩的安装与焊接;钢套筒底座安装时,先进行延长钢环下部及1号底座的整体安装,根据短线匹配法,以1号底座作为安装基准进行剩余2~6号底座分块的依次落位安装,并利用液压千斤顶对底座进行精确就位;底座安装就位后,进行钢套筒底座斜支撑的安装及端盖圆环与左右延长钢环分块的安装。套筒完成下部结构安装后,左右交替安装腰线下、腰线、侧上和正上方9块筒体分块,交替安装时根据筒体长度平均分配安装临时工字钢支撑,以确保筒体安装过程安全。

随套筒分块依序安装端盖圆环及平板式封板(仅用于盾构机接收),完成钢套筒组装。端盖圆环内置60t液压缸安装空间,环向平均分布,共计40组,端盖圆环吊装前提前进行液压缸固定及安装。液压缸主要起到以下作用:套筒组装时施加预紧力消除套筒分块螺栓连接应力,进行螺栓复紧;施加推力,增强反力架与套筒整体性;套筒拆除时进行液压缸回缩释放套筒应力,便于反力架的拆除。

钢套筒底座安装示意如图4-6所示,钢套筒分块安装示意如图4-7所示。

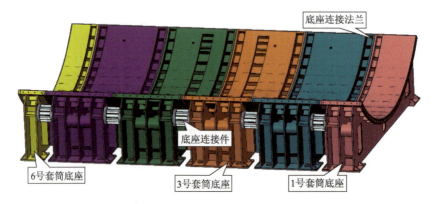

图4-6 钢套筒底座安装示意图

图4-7 钢套筒分块安装示意图

(2)延长钢环安装及封闭

在钢套筒盖板安装过程中,穿插进行剩余3块延长钢环的安装。首先将左右延长刚环分块吊放至指定位置进行固定,当钢板安装就位后再将延长钢环与盖板连接封闭形成整体。因为盾构始发带坡度,所以延长钢环设计加工成上小下大状,以消除始发坡度角造成的延长钢环与洞门钢环的距离差,并且留有5cm左右的空隙,方便钢套筒安装与位置调整。剩余延长钢环与预埋洞门钢环之间的缝隙采用10cm的弧形钢板进行焊接封闭。弧形钢板焊接时分上下区域进行,上部置于延长钢环外侧进行焊接,下部置于延长钢环内侧进行焊接,以腰线为准。主要为避免仰焊,保证焊接质量的同时加快焊接工效。焊接时需要缓慢匀速,焊缝要饱满连续,避免建仓掘进时封闭处漏浆。

(3)反力架与斜支撑安装

钢套筒支撑系统主要由套筒内部临时支撑、套筒侧边支撑、反力架三部分组成。工作井及明挖暗埋段结构施工过程中,需提前在工作井底板预埋反力架焊接定位钢板、筒体侧边斜撑钢板;工作井侧墙预埋钢套筒筒体支撑钢板;明挖暗埋段端墙埋设反力架支撑焊接钢板。预埋钢板均采用400mm×400mm×20mm钢板,设9根50cm长ϕ20mm锚固钢筋,钢筋与钢板进行穿孔塞焊。

套筒内部临时支撑起到固定套筒分块的作用,与钢套筒分块左右交替组装过程同时进行,交替安装时根据筒体长度平均分配安装3排临时I25a钢支撑,钢套筒形成整体效应后随即拆除;安装过程中,临时支撑与套筒焊接固定,拆除后立即打磨平整。

套筒侧边支撑采用H型钢对称设置在钢套筒腰线以下左右两侧,以提高钢套筒整体稳定性。

根据钢套筒实际安装位置对反力架进行定位、调整,反力架采用分块拼装的方式进行组装,先将反力架下部横梁与支腿组合成整体后吊入井下,按照与竖梁对接的高度,采用支墩垫高固定后,再分别吊装左右竖梁与反力架下部横梁对接,锁紧螺栓,将支撑牢固确保安全后方可松吊钩。最后吊装反力架上横梁,组装成整体。反力架与工作井相邻结构端墙设置18根HW400×400支撑连接,反力架与支撑系统和预埋件焊接应牢固,焊缝位置进行重点检查,确保无夹渣、虚焊等隐患。反力架及套筒支撑安装如图4-8所示。

4.2.2 盾构设备上岸及组装

1)临时码头准备

本项目隧道盾构机运输总量为一套,具有盾构超宽、超重配件数目多,散件、裸件多、外形尺寸复杂等特点。此外,盾构机主体设备部分大而重,属于重大件超限货物运输,对道路及船舶配载运输通行性及交通协调要求高。

图 4-8　反力架及套筒支撑安装

本项目始发工作井位于卡纳普里河入海口,项目周边无满足大件吊装运输的码头,港口运输条件差,且城市内部道路狭窄、车辆拥挤、路面施工质量差。若采用专业码头运输,陆运至现场道路的协调难度及交通疏导运输难度大。对此在靠近西岸现场附近河域段设置临时码头进行盾构机主体及后配套设备调运,码头段总长 40m、宽 11.6m,码头加宽段宽 5.5m,引桥长 25.3m、宽 10m,整体采用钢结构高桩梁板式结构,共 7 榀排架,采用直径 0.7m、壁厚 18m 的钢管桩,桩长 3.5m,桩头上布置双拼 I600×250×12×20 横梁,双拼中心间距为 270mm,垂直码头沿线布置。临时码头结构及压载试验如图 4-9 所示。

图 4-9　临时码头结构及压载试验

2) 场地条件准备

盾构设备部件数量大且有部分重件,所需现场场地大,且需重型起重设备。端头工作井地层承载力需满足吊装要求;根据吊装顺序、设备能力和场地空间合理筹划和摆放盾构大件,避免二次倒运以及重型起重设备频繁移动。

3）盾构组装流程

盾构组装流程如图4-10所示。

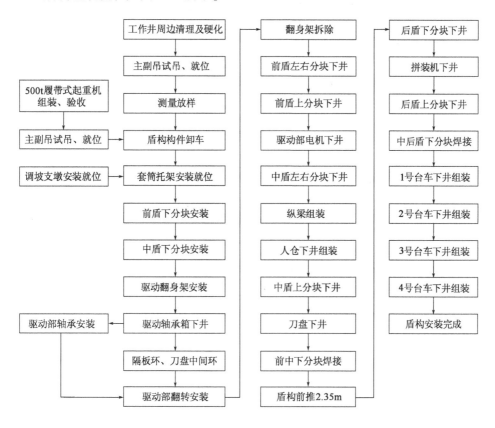

图4-10　盾构组装流程

（1）主驱动翻身及驱动电机安装

①地面准备。

在地面提前将驱动部R1和R2环拼装完成，并用轴承清洗剂清理内部防锈油，保证清洁度，如图4-11所示，然后将R环与主轴承地面安装完成，如图4-12所示。注意安装时对准主轴承与R环之间的长螺杆孔，将R环与主轴承连接长螺杆用液压扭力扳手拧紧，需要检查扭矩是否达到标准。

②R环下井。

电机面朝下水平起吊R环下井，将转轴放置到翻身支架上，使用前后支墩上的千斤顶将驱动部稳固，之后进行后续作业。R环水平下井如图4-13所示。

图4-11　R环组装后清理防锈油

图4-12　主轴承吊装

图4-13　R环水平下井

③P+V环安装。

先在R环周围安装一圈护栏,防止安装人员坠落,然后水平起吊P+V环部分,安装在R环上,如图4-14所示,用液压扭力扳手把P+V环部分与主轴承连接螺杆拧紧,并完成扭矩校核。

图4-14　P+V环安装

④驱动翻身180°。

先用250t履带式起重机挂后方两个翻身吊耳,再用500t履带式起重机挂前面两个翻身吊耳,挂好吊耳后两台履带式起重机缓慢将驱动部抬平,将支撑工装上的千斤顶取下,支撑工装移动至驱动翻身180°旋转范围内,如图4-15所示,驱动部缓慢翻身,250t履带式起重机缓慢起钩,同时500t履带式起重机同步落钩,R环先旋转90°到与盾体垂直位置,将定位销打入,拆除全部4根钢丝绳,更换吊点,250t履带式起重机挂下面两个翻身吊点,500t履带式起重机挂上部两个翻身吊点,履带式起重机稍微带力后拆除定位销,然后两台履带式起重机同时动作,500t履带式起重机向前方,250t履带式起重机向后方,缓慢翻转驱动部完成剩余90°翻转,再将支撑工装移动回原来支撑R环安装P+V环时的支撑位置,并用32t千斤顶进行支撑,确认支撑不存在问题后,两台履带式起重机拆钩。

图4-15 驱动部缓慢翻身90°~180°

⑤驱动电机安装。

驱动电机安装时注意将工厂发运之前在电机齿轮上涂覆的二硫化钼防锈保护清洗掉,并且安装一台刀盘驱动电机,拆下一个驱动电机安装孔盖板,如图4-16所示,防止异物落入驱动内部,将12台电机逐个吊起安装在驱动上。

⑥驱动翻身90°。

在驱动电机安装完成后,用250t履带式起重机挂后部翻身吊耳,500t挂前

图 4-16　驱动电机安装

部翻身吊耳,将驱动整体调水平,但是不能吊起来,然后把支撑的千斤顶拿掉,支撑工装移出驱动翻转干涉范围以外后,250t 履带式起重机缓慢落钩,同时 500t 履带式起重机缓慢起钩,将驱动部翻转 90°,使驱动部与环体 A3 块垂直。在履带式起重机带力情况下再将驱动翻身液压缸落下,将驱动部落位在环体上,然后在驱动前后部上方位置各用两个 20t 葫芦拉紧,防止驱动翻倒,履带式起重机拆钩,驱动部翻身 90°完成,将驱动翻身架以及翻身液压缸拆除,下一步可以继续安装环体 A2 和 A4 分块。驱动部翻身 90°如图 4-17 所示。

图 4-17　驱动部翻身 90°

(2) 前中盾安装

①盾体分块安装。

完成驱动翻身完成后,拆除翻身架,并用 500t 履带式起重机进行前端左右分块、前盾上分块及中盾左右分块安装,同步进行 H 形大梁安装,如图 4-18 所示。

图 4-18　前盾左右分块、上分块及中盾左右分块与 H 形大梁安装

090

②人仓安装及中盾上分块安装。

待中盾左右分块与 H 形大梁安装完成后,在中盾上分块安装之前,进行盾构机中心回转装置及泥水管路安装,并进行人仓安装。人仓安装完成后再进行中盾上分快安装。人仓与中盾上分块安装完成如图 4-19 所示。

③人仓与中盾上分块安装完成后,首先由测量室对中盾安装圆度进行测量拟合,并报质检部备案。同时,进行盾体分块位置推进液压缸的安装。

图 4-19 人仓与中盾上分块安装完成

(3) 刀盘焊接

刀盘分块运输至施工现场并在地面进行拼装以初步连接固定,刀盘平整度和直径测量合格后进行焊接。焊接工艺控制要点如下:

①打底焊焊接顺序为从左至右(打底焊打底两道,单道厚度不超过 5mm)。

②填充盖面顺序为左右对称式施焊,每条拼缝的焊接顺序(图 4-20)为 1-3-5-7-9-11-2-4-6-8-10(单道厚度不超过 5mm)。

③刀盘焊接区域搭设焊接棚,接棚上有雨布覆盖,要求雨布具有一定的耐高温能力,覆盖层数为两层,保证焊接棚内部的温度。

④焊接棚内部上下各放置 12 盏碘钨灯进行焊接棚加温,上部碘钨灯悬挂于保温棚四周,面向刀盘照射。刀盘下方碘钨灯由支架支撑,面向刀盘下表面照射,进行刀盘保温。

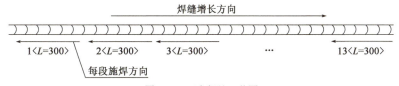

图 4-20 刀盘焊缝工艺图

注:L 为焊接长度,单位为 mm。

(4) 刀盘下井

刀盘焊接完成并验收合格后,由 500t 履带式起重机吊装下井,与盾构机主驱动连接组装成成体。刀盘成体重量约 230t,以带 150t 超起的 500t 履带式起重机为主吊,250t 履带式起重机为辅吊,首先自工作井端头将刀盘水平吊起,再将刀盘缓慢调整为垂直姿态,解除 250t 履带式起重机,再转体进行刀盘吊装,如图 4-21 所示。

图 4-21　刀盘吊装下井组装

(5) 盾构机整体顶推及盾尾分块安装

在完成刀盘吊装后要将盾体整体往前顶推,为盾尾分块安装提供作业空间。钢套筒底座上设置了两道工作槽,用于盾体分块焊缝的焊接。在刀盘吊装过程中同步进行中前盾下分块焊接工作,在刀盘吊装与盾体焊接施工完成并验收合格后,将盾体整体顶推至预定位置,然后进行管片拼装机与作业平台的安装,再进行盾尾分块的吊装。盾尾分块组装过程如图 4-22 所示。

(6) 盾构机后配套台车安装

盾构机后配套台车共有 4 节,均由明挖暗埋段吊装口吊装下井进行组装。由于明挖暗埋段未作加深设计,盾构始发时无法安装八字轮与 4 号台车直轮,台车利用盾构机牵引力在明挖暗埋段设置的钢轨轨道上滑动,待台车进入钢套筒后依次安装八字轮与 4 号台车直轮,完成整个盾构机及后配套台车的安装。

具体安装时首先自下而上依次安装 1 号台车 1 层、2 层、顶层,1 号台车安装完成后利用卷扬机与液压液压缸将 1 号台车拖拽至盾尾后端与盾构机拼装作业大梁连接,2~4 号台车用同样方法依次进行拼装并移动至预定位置连接成整体。为避免台车在拖拽过程中偏斜,在台车两侧设置导向滑轮,控制其移动方向,保证台车沿预定线路进入钢套筒与成型隧道。盾构机后配套台车安装示意如图4-23所示。

图4-22 盾尾分块组装过程

图4-23 盾构机后配套台车安装示意图

4.3 盾构调试及验收

4.3.1 盾构设备调试

现场盾构设备调试工作主要由设备厂家进行调试,现场根据盾构机安装工作计划同步进行盾构机设备的调试。调试工作分步进行,首先进行单项设备、系统的调试,再进行各系统的组合调试,最后与地面辅助泥水系统进行联机调试。

4.3.2 盾构设备验收

根据盾构机厂家提供的调试验收工作清单,盾构机整个设备调试与验收工作共分为35项,包括一般验收项目与主要验收项目两大类。其中,盾构设备调试验收主控项目包括:刀盘刀具与主驱动检测验收、管片拼装机调试验收、操作控制系统调试验收、盾构推进液压缸及液压系统调试验收、主轴承油脂润滑与密封系统验收、盾尾油脂系统调试验收、同步注浆系统调试验收、泥水系统调试与验收、冷却循环水调试与验收、空气系统调试验收、通信与导向系统调试与验收及气密性试验等。

盾构各设备、系统调试验收结果作为盾构始发主控项目。盾构机调试验收项目和内容见表4-1。

盾构机调试验收表　　　　表4-1

序号	调试检测项目	主要验收内容	备注
1	刀盘刀具与主驱动测试	主要刀具的刀高、仿形刀伸缩及刀盘旋转相关参数	
2	本体测试(几何尺寸测量)	前、中、尾盾的外径及长度等	
3	搅拌器测试	搅拌器的转速、油压等	
4	管片拼装机测试	外观、控制系统、动作(含制动)	
5	喂片机测试	前移、顶升动作以及控制	
6	管片吊机测试	外观、起重量、行走及制动	
7	管延伸装置测试	外观、行走、接管长度、制动等	
8	泥水管提升装置测试	外观、起重量、行走、制动等	

续上表

序号	调试检测项目	主要验收内容	备注
9	视频监控系统功能测试	外观、清晰度、监视等	
10	控制室控制系统测试	外观、各系统控制	
11	控制室监控系统功能测试	注浆、推进、油箱、水系统、泥水系统、气垫仓系统监控	
12	人闸用的刀盘控制柜功能测试	外观、互锁及控制刀盘转动等	
13	盾体推进液压缸控制面板	外观、急停、显示灯、切换等	
14	管片拼装机远程控制功能测试	外观及遥控操作	
15	推进液压缸测试	外观、压力、分区、速度、单独动作等	
16	液压泵站测试	各液压泵压力及保压情况	
17	主轴承润滑和密封系统	油压及油质	
18	盾尾油脂系统	泵动作、压力传感器工作情况	
19	注浆系统测试	注浆泵外观、动作、启停、速度等	
20	水系统测试	外观、各冷却设备的水压力及流量	
21	工业空气系统	运转、压力、温度和泄露情况	
22	气泡仓的空气系统检测	运转、压力、温度和泄露情况	
23	气泡仓的保压试验	泄露情况、压力控制精度、阀及传感器	
24	通信和照明系统	外观及通话功能、照明效果	
25	导向系统测试	外观、传输、间隔时间等	
26	流体输送系统	泵和阀的启停时间、压力	
27	前端闸门测试	外观、行程、油压及控制	
28	外观检查(焊接和涂装)	焊接机油漆质量	
29	管路布置	标识、走向及连接	
30	电缆布置	余量、标识及保护	
31	气密性测试(5个系统)	加压、保压和泄露量	
32	台车检查	连接及尺寸	
33	牵引系统	液压缸行程及油压	
34	台车轮子	外观及转向控制	
35	电器绝缘阻抗测试	各电机三相对地绝缘(0.5MΩ以上)、相间阻值相等	

4.4 盾构始发

4.4.1 盾构始发流程

盾构套筒始发掘进施工内容包括：套筒辅助施工时工作井端头加固设计优化，盾构套筒、反力架的设计及安装，盾构机组装与套筒安装的关系，洞门凿除等其他辅助施工，盾构 -7 ~ +80 环掘进全过程。盾构始发工艺流程如图4-24所示。

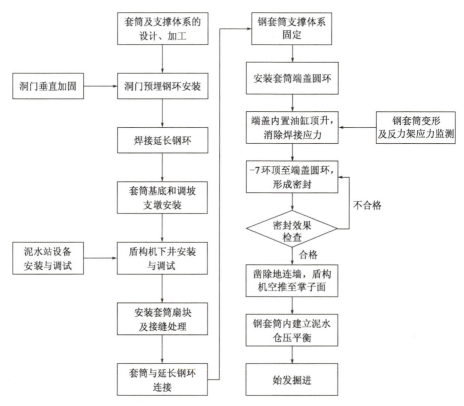

图 4-24 盾构始发工艺流程

4.4.2 盾构始发准备

(1) 负环管片拼装

拼装 -7 环之前，需施作 -7 环限位板，与推进液压缸对应，用于 -7 环拼装定位;盾尾内 –7 环底部范围焊接垫块,使下部有足够的盾尾间隙推进至尾刷。采取错缝拼装方式拼装 –6 环, –6 环管片拼装完成后,将两环管片一同推出盾尾,与钢套筒后端盖贴紧,负环管片与钢套筒后端盖密封形式如图 4-25a)所示。盾构空推至刀盘接触掌子面,使钢套筒、盾构机与开挖面形成密闭空间,为始发建仓做准备,–7 环、–6 环拼装完成如图 4-25b)所示。负环管片在常规管片基础上,内弧面增加了 10 块预埋钢板,每环管片拼装完成后,采用槽钢将管片内部环与环、块与块之间预埋钢板焊接,增强负环整体性。

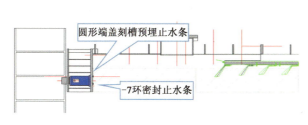
a)负环管片与钢套筒后端盖密封形式

b)–7 环、–6 环管片成型

图 4-25 钢套筒、盾构机和管片密闭空间

(2)洞门凿除

拼装 –7 环、–6 环管片后检查套筒密闭性,然后开始洞门凿除施工,洞门圈内地连墙厚度 1m,一次凿除 60cm 厚玻璃纤维筋地连墙,不间断从上至下、由两边向中间分区进行定位凿除,不得超限。为方便运渣,在套筒左下侧开启一个 1.6m×1m 的通道。洞门凿除后,2d 之内完成平台拆除和清渣工作,保证盾构机及时顶推至掌子面。洞门凿除范围及刀盘与洞门位置关系如图 4-26 所示。

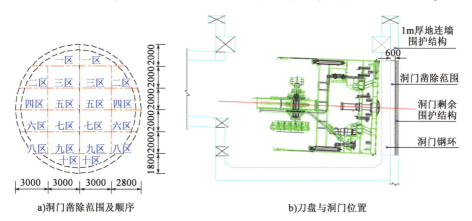

图 4-26 洞门凿除范围及刀盘与洞门位置示意图(尺寸单位:mm)

(3) 始发泥水建压

当刀盘抵至掌子面后,留出空间拼装 -5 环管片,-5 环管片拼装完成后,采用地面泥水管向套筒填料口(从尾部到中部)灌注水冲砂,辅以人工填砂,由理论方量控制实际填充方量。待套筒填砂完成后,密封套筒填料口,泥水站输送泥浆至盾构机泥水仓和掌子面,建立泥水平衡,初始仓压,初始泥浆浓度设置 22～24s,相对密度为 1.06 的膨润土泥浆 1000m³。始发端头地层加固后,其上部无侧限抗压强度大于 6MPa,下部无侧限抗压强度大于 2MPa,自稳性和防渗性良好。根据加固体土体参数和降水后的地下水位情况,计算始发理论切口压力。

切口压力计算依据朗肯主动土压力理论,由于始发地层加固后致密性好,采用水土合算公式:

$$p = p_{土} + p_{附} = k_0 \gamma h + p_{附}$$

式中: p——中心切口水压值;

$p_{土}$——主动土压力(始发区域进行土体加固和降水,结构偏安全,采取切口压力下限值);

$p_{附}$——变动压力,我国传统方法计算切口水压,变动压力一般取 20kPa,根据本项目实际情况,始发阶段切口水压附加的 $p_{附}$ 会在 20kPa 左右浮动;

h——隧道埋深;

k_0——主动土压力系数;

γ——土的重度。

将地层数据和地层取芯数据代入公式,得到初始切口水压值为:

$$p = 0.3 \times 17.5 \times 7.5 + 20 = 59.38(\text{kPa})$$

取切口压力为 0.6bar。

填砂分两部分进行。第一部分为套筒底座 4 道轨道间填砂,套筒分块边缘用砂袋堆填,中部用细砂填充,并用水冲密实,填砂高度与轨面齐平,第一部分约 80m³,现场如图 4-27 所示。

第二部分为套筒内建压前通过在套筒顶部预留的填料口进行水冲砂,在套筒顶部预留孔设置一根直径为 45cm 的填料管斜向延伸至地面,在地面端用钢结构加工上料平台,利用装载机将细砂运至填料口,然后用水往下冲填,同时打开套筒下部球阀进行向外排水,并安排专人进行查看,一旦发现球阀口有大量细砂冲出,及时关闭球阀。考虑到填料填充过于饱满、密实可能会造成盾构机刀盘转动阻力过大,所以水冲砂约 230m³ 时即停止冲填,此时冲填砂高度约为套筒腰线以上 2m,上部未冲填部分全部注水填满。套筒上部填砂管如图 4-28 所示。

图 4-27　套筒底座内填砂

图 4-28　套筒上部填砂管

4.4.3　始发掘进技术

1) 始发掘进

盾构始发掘进包括准备阶段、磨墙阶段、盾构掘进阶段和远离阶段。每一段的施工重点不同,掘进参数的选择也不同。始发掘进过程中的控制要点如下:

(1) 地连墙中掘进由于玻璃纤维筋混凝土地连墙强度高,导致始发掘进的推力、扭矩较大,推力维持在 26000~30000kN,扭矩也一度达到 8000kN·m。采用低贯入度指标,缓慢推进,掘进速度控制在 1~4mm/min。

(2) 穿越地连墙之后,盾构掘进刀盘扭矩减小,盾构掘进速度控制在小于 10mm/min,保证刀盘对加固区土体充分切削。

(3) 盾构机进入土体后,需要时刻控制泥水仓液位和泥水循环泵的流量参数。试掘进阶段,掘进速度慢,泥浆环流差较小,一般控制在 $3\sim4m^3/min$。同步注浆量控制在 $15\sim18m^3$/环,出渣量控制在 $210\sim220m^3$/环。

(4)盾构穿越地连墙和加固体的过程中,安装了套筒和反力架变形和应力自动化监测仪器,每隔10min监测一次套筒的变形和反力架及背撑的应力状态。若数据异常、超限,立刻调整掘进参数,并适当加固钢套筒和反力架。

(5)盾构试掘进过程中对盾构机在自然土体试掘进的各项实际参数与理论计算数据进行对比,明确控制参数的偏差值,进一步优化、确定盾构正式掘进各项施工参数,如盾构机推力、扭矩、同步注浆系统、盾尾油脂系统、泥水循环系统、制调浆参数等,并且在掘进过程中进行后配套台车八字轮安装及管片二次注浆洞门封堵相关工作,在掘进至管片可以提供盾构掘进所需反力时,可以进行工序的转换,由试掘进转化为正式掘进。

2)施工监测

采用自动化监测系统对套筒始发实时监测,监测频率为10min/次。在钢套筒的纵缝和基座上布置28个监测点,监测套筒张开量和基座变形;在套筒延长钢环与预埋钢环一周布置4个测点,在套筒后端盖与反力架一周布置4个测点,监测钢套筒与预埋钢环、钢套筒与反力架之间位移。钢套筒监测点对称分布,采用智能数码位移计监测钢套筒变形量,采用智能数码应力计监测反力架应力。钢套筒监测布置如图4-29所示,反力架应力监测如图4-30所示。

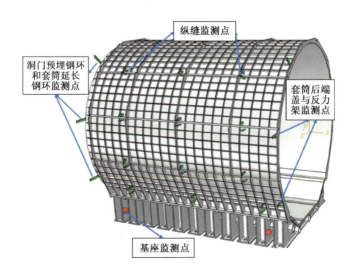

图4-29 钢套筒变形监测总图(左右对称)

整个掘进过程中,反力架受力良好,最大应力90MPa,受力在可控范围内。

钢套筒延长钢环和洞门预埋钢环连接处是始发风险较大的监测点,此连接一旦发生裂缝,洞门密封则失效,此截面变形重点监测。准备阶段,钢套筒延长钢环与端墙连接处截面的位移稳定,维持在1mm以下;磨墙阶段,盾构扭矩达到8000kN·m,连接处截面的位移出现波动,小于1mm;盾构掘进阶段,扭矩减小,盾构推力增加,连接处截面位移增加,最大维持在1.6mm;远离阶段,盾构掘进离开洞门一个机身(13.58m)后,连接处截面位移减小,小于0.6mm。钢套筒延长钢环与端墙连接处每日最大位移如图4-31所示。

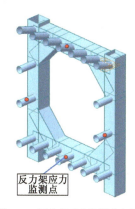

图4-30　反力架重点监测点布置图

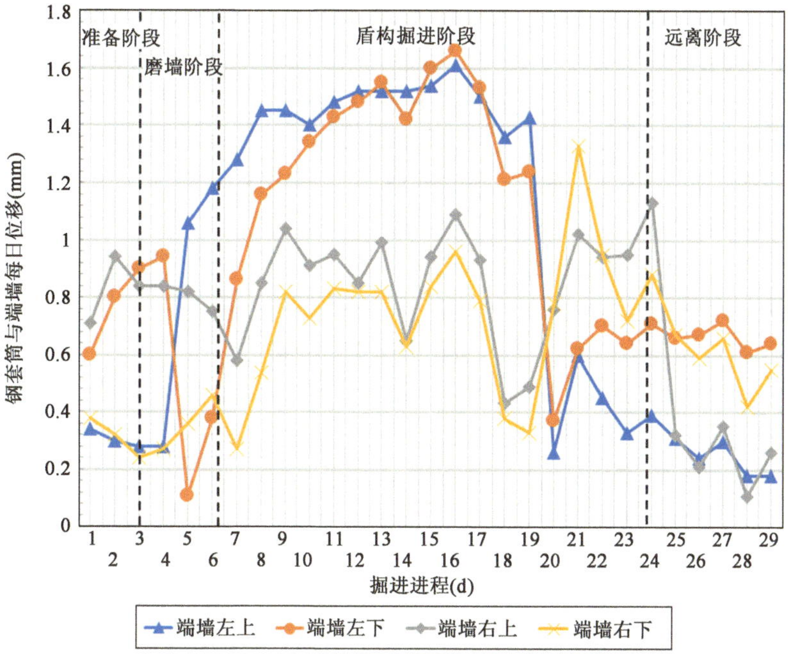

图4-31　钢套筒与端墙每日最大位移图

3)钢套筒拆除

盾构进入土体向前掘进时,盾构前进的推力由反力架、负环管片及正环管片与地层土体摩擦力提供,随盾构向前掘削,正环管片与周围土体摩擦力总力越来越大,反力架及负环管片提供的支反力越来越小。当反力架与负环提供反力为

0时,盾构前进推力全部由正环管片与土体摩擦力提供,此时即可拆除套筒、反力架、试掘进运输体系辅助设施,进行施工体系转换。

土体与正环管片摩擦力公式为:
$$F = \mu \cdot \pi \cdot D \cdot L \cdot p$$

式中:μ——管片与土体间的摩擦因数,取 $\mu = 0.3$;

D——管片外径,$D = 11.8\text{m}$;

L——盾构试掘进长度,取 $L = 80 \text{环} \times 2\text{m} = 160\text{m}$;

p——作用于管片背面的平均土压力,取 $p = 100\text{kPa}$。

故管片提供的摩擦阻力 $F = 0.3 \times 3.14 \times 11.8 \times 160 \times 100 = 177850(\text{kN}) > 174800\text{kN}$(盾构机额定最大推力),因此盾构掘进80环时拆除反力架、套筒及负环管片施工安全。

在拆除钢套筒施工过程中,需注意以下4点:

(1)隧道始发工作井靠近入海口,地下水丰富,拆除钢套筒之前采用降水井的方式降低地下水位至隧道以下。

(2)通过洞门预埋钢环预留的注浆孔以及0~+5环管片上预留的二次注浆孔进行注浆,注浆材料采用水泥、水玻璃双液浆。注浆完成后,打开预留注浆孔,观察出水量,如果水量较大,则需继续注浆,直至注浆孔无水流出时停止,表明洞门封堵完成,为下一步钢套筒和负环管片拆除提供条件。

(3)拆除钢套筒的关键步骤是割除钢套筒与洞门预埋钢环的焊接钢环,采用分段割除的方式,割除一块及时用提前制作的弧形钢板把洞门钢环与管片外弧面的钢板焊接,形成挡水封闭空间,直至全部割除。

(4)拆除钢套筒期间,盾构掘进工作停止,需做好泥水站泥浆指标管理和盾构机停机管理工作。盾构机拆除套筒及支撑体系前,泥水站提前制备新浆,逐步调整循环管路泥浆,泥浆指标调整范围为:相对密度1.1~1.25,黏度20~24s,砂率≤5%,其中黏度为主控指标。确保停机期间循环足够数量的高指标泥浆。

4.5 盾构接收

4.5.1 盾构接收流程

泥水平衡盾构钢套筒接收施工主要包括:接收前的准备和辅助工作(主要包括高压旋喷桩土体加固、围护结构与加固体间垂直注浆帷幕和降水施工)、盾构到达掘进、盾构套筒内接收及洞门封堵等内容,其主要工艺流程如图 4-32 所示。

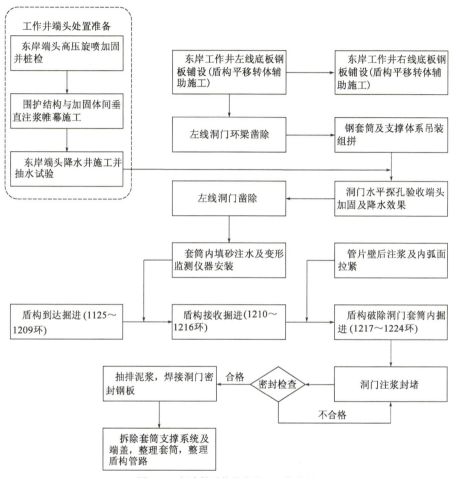

图 4-32　钢套筒盾构接收施工工艺流程

4.5.2　盾构接收准备

(1) 工作井端头加固

钢套筒盾构接收工作井端头加固同始发一样,采用高压旋喷桩 + 强降水 + 垂直注浆帷幕 + 钢套筒进行地层加固。

(2) 钢套筒与反力架安装

钢套筒根据洞门实际中心和设计轴线进行定位调坡,安装第一分块作为定位基准后按照分块和封板顺序进行逐一吊装,安装延长钢环并焊接封闭延长钢环与预埋钢环间隙,具体吊装如图 4-33 所示。

图 4-33 接收钢套筒安装示意图

钢套筒内采用 235mm(高)×200mm(宽)钢轨双拼,呈 50°布置。为避免盾构机爬上套筒后刀盘转动边刮刀切削钢轨,钢轨间浇筑高度为 285mm 砖渣混凝土(高于轨道面 5cm),钢轨布置和套筒内横断面如图 4-34a)所示。钢轨与地连墙之间采用砖渣混凝土浇筑,防止盾构机磕头,钢轨末端距离端盖闷板 1800mm,刀盘切口环超过轨道末端后刀尖距离端盖闷板 550mm,具体结构尺寸如图 4-34b)所示。

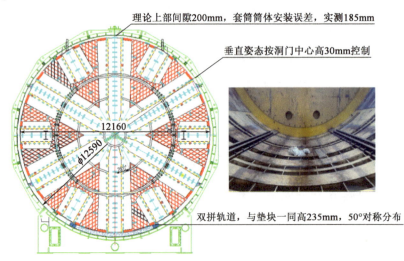

a)套筒内轨道布置及横断面图

图 4-34

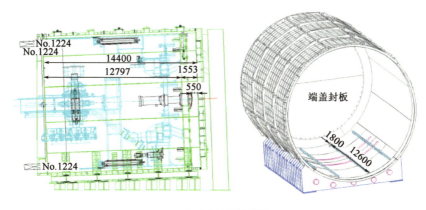

b) 套筒内纵断面图

图 4-34 套筒内轨道布置及盾构刀盘与套筒内径关系示意图(尺寸单位:mm)

(3) 洞门凿除

采用钢套筒辅以端头双重加固和降水措施进行左线盾构接收大大增加了施工安全性。为缩短盾构接收时切削地连墙的时间,降低刀具磨损,需先进行洞门部分凿除。考虑到降水井实际降水能力,模拟计算洞门凿除85cm厚,地下水位降至洞门底部以上3m或地下水位降至洞门以下两种工况下的结构稳定性。计算模型如图4-35所示,计算模型参数取值见表4-2,针对两种工况设置不同高度的水头压力。

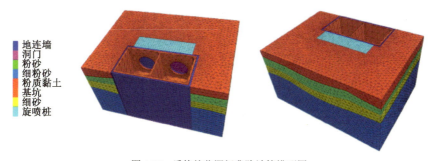

图 4-35 盾构接收洞门凿除计算模型图

计算模型参数表 表4-2

材料参数	重度 (kN/m³)	弹性模量 E 或压缩模量 E_s	黏聚力 (kPa)	内摩擦角	泊松比
C35 混凝土	25	$E=3150$MPa	3180	55°	0.35
旋喷加固区	20	$E=100$MPa	200	30°	0.25
③1 粉质黏土	19.2	$E=5.84$MPa	11.2	5.2°	0.26

续上表

材料参数	重度 (kN/m³)	弹性模量 E 或压缩模量 E_s	黏聚力 (kPa)	内摩擦角	泊松比
③2 粉砂	19.4	$E_s = 12$ MPa	5.4	31°	0.3
③6 细砂	19.6	$E_s = 13$ MPa	4.6	32.7°	0.29
⑥ 粉细砂	20.2	$E_s = 14$ MPa	4.8	31.1°	0.25

通过数值模拟计算,降水至洞门底部以上3m,洞门凿除85cm后,凿除洞门处的最大剪应力在底部,为4.01MPa,掌子面正向位移为8.7mm;降水至工作井底板以下,洞门凿除85cm后,凿除洞门处的最大剪应力在底部,大小为0.1MPa,洞门凿除后掌子面正向位移为4.8mm。两种工况下的结构应力与位移均满足施工要求,地下水位降低至洞门底部以下,施工安全系数更高。

(4)钢套筒内注水填砂

钢套筒密闭试验合格后拆除中间上盖凿除洞门,并作为洞门凿除出渣和人员逃生路径。洞门凿除后浇筑砖渣混凝土过渡斜坡,进行填渣注水。接收轨道上2.5m范围内填优质中粗砂,2.5~4.5m填筑砂夹膨润土后封闭套筒,安装连通管路后注水至地下水位等深,具体形式如图4-36所示。

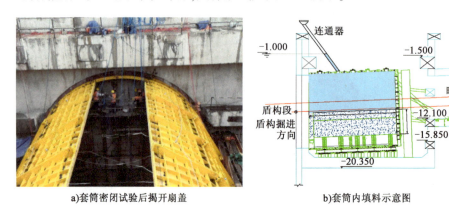

a)套筒密闭试验后揭开扇盖　　b)套筒内填料示意图

图4-36　钢套筒内洞门凿除和填料示意图(高程单位:m)

4.5.3　盾构接收掘进技术

接收掘进定义为最后100环(200m)掘进,主要分为3个阶段,分别为盾构到达掘进1125~1209环(85环),盾构穿越加固体贯通掘进1210~1216环(7环),盾构刀盘开始磨墙至盾尾全部进入钢套筒1217~1224环(8环)。

1)接收测量

盾构掘进至贯通前150环时,采用陀螺仪定向对盾构掘进导线进行复核;距离贯通100环时进行交叉双导线法联系测量测定地下平面和高程控制,同时加密各项施工测量频次,利用坐标法测定洞门实际中心三维坐标,以此为据调整掘进参数,保证隧道顺利贯通。

利用盾构导向系统时刻监测盾构里程和位置,1217环掘进至管理行程1000mm时,刀盘中心位置在距离套筒导轨起始端10cm位置,停止刀盘转动,避免刀盘外周刀具与导轨互切。1224环掘进至管理行程1851mm(实际液压缸行程2632mm)时,盾构机刀盘中心距离套筒端盖封板50cm,到达最终停机位置。

2)盾构接收掘进监测

(1)管片姿态监测

在距离贯通面100环内,每天对成型后的管片姿态进行测量,实测出管片的偏差和变化值,并与二次补偿注浆联动,指导注浆作业。此外,管片姿态测量还起到复核导向系统的作用。

(2)地表沉降监测

地表监测主要为左线接收工作井端头范围,盾构接收前在距离洞门100m范围内采集原始数据,端头30m范围内每5m布置一断面,每个断面布置不少于11个测点,其余为每30m布置一断面。盾构接收过程中全天不间断监测,当掘进范围内单点沉降速率超过1cm/d或累计沉降超过3cm时,需反馈至监控室调整同步注浆方量,并采取二次补偿注浆措施。

(3)加固区地下水位监测

洞门凿除之前降水井已全部开始,钢套筒建仓完成直至洞门封堵,降水井一直处于开启状态。本次降水施工在加固体中设置了一口观测井JS07,每天派专人观测降水井,测量地下水位,保证地下水位在洞门以下。

(4)钢套筒及反力架监测

根据本项目钢套筒辅助盾构始发施工经验和数值模拟计算,接收施工钢套筒变形监测部位为:①纵向拼接缝处变形,即腰部和底部拼接缝处变形监测;②纵向变形,即洞门与钢套筒连接处、后端盖板监测;③反力架背支撑应力监测。钢套筒及反力架监测布点布置如图4-37所示。

根据相关工程经验和施工要求,各个监测项目监测频率和控制值见表4-3。

反力架上布设的3个应力计,随着盾构掘进推力和切口压力变化而变化,在掘进过程中的敏感性较高。由闷板斜撑数据分析可知,当盾构推力过大和刀盘接近闷板时,闷板斜撑应力较大,最大达到21.42MPa。反力架支撑应力在刀盘距离闷板最近时达到最大,最大应力为 35.84MPa。

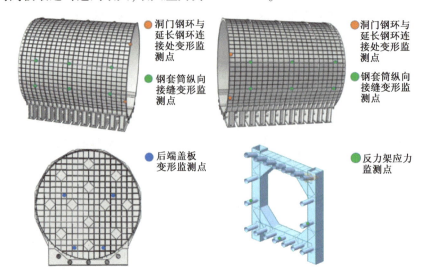

图 4-37　钢套筒及反力架监测布置图

钢套筒监测项目控制值　　　　　　　　　　　　　表 4-3

序号	监测项目	位置或监测对象	监测频率	控制阈值
1	钢套筒纵向变形监测	纵向拼缝	1 次读数/20min	5mm
2	套筒延长钢环与洞门钢环处	腰部、底部	1 次读数/20min	5mm
3	反力架支墩应变	下部三根背撑	1 次读数/20min	225με

注:钢套筒径向水平变形、重力向变形阈值根据《空间网格结构技术规程》(JGJ 7—2010)所允许的变形值,即 $L/400$(L 为钢套筒体长),其他变形阈值根据类似工程经验及本工程需求。位移计、应变计软件 20min 记录一次数据,1h 进入软件采集一次。

洞门钢环与延长钢环间的位移在盾构机破除洞门(推力较大时)和盾构机进入套筒后期时最为敏感,最大位移为 2mm。

闷板最大位移发生在刀盘与闷板距离最近时,此时套筒内填砂因盾构机推进与闷板越挤越密,闷板位移最大为 6.98mm。

接收时套筒的拼缝除了扇块之间,闷板分块间也存在拼缝,需进行拼缝张开量监测。整个接收掘进过程中,各分块拼缝间的变形和位移较小,扇块拼缝最大值为 1.6mm,闷板张开量最大值为 0.48mm,均在安全允许范围内。

3)盾构到达段掘进控制(1125~1209 环)

盾构到达掘进主要穿越透水砂层,采用水土分算的主动土压力和静止土压力 ±20kPa 作为切口压力控制上下限,同时结合地表沉降变化,适时调整切口压力。盾构到达段掘进参数控制指标见表4-4。

盾构到达掘进参数控制指标　　表4-4

环　号	掘进速度 （mm/min）	刀盘转速 （min^{-1}）	扭矩 （kN·m）	推力 （kN）	进泥流量 （m³/min）	排泥流量 （m³/min）
1125~1174	20~30	0.8~1.1	3000~4000	75000~90000	20~24	22~25
1175~1208	15~25	0.8~1.0	2000~4000	50000~70000	20~23	22~24

4）盾构穿越加固区掘进（1210~1216环）

（1）盾构穿越加固区时以与洞门实测偏差水平±10mm、垂直+30~50mm的姿态掘削加固体，以勤纠、少纠为原则，精确严格控制盾构接收段掘进姿态。

（2）盾构穿越加固区前，及时调整盾构掘进参数，宜小贯入、低转速、适度开启仿形刀至盾构刀盘全部进行加固体后，提高转速，控制掘进速度充分掘削加固体水泥土。

（3）加固体与原状砂层交界的3环范围，管片脱出盾尾后立即进行二次补偿双液浆注入，复紧管片螺栓避免管片姿态错动。加固体范围拼装管片后立即进行壁后双液浆补偿，严格执行管片螺栓三紧制度，同时焊接钢板拉紧管片内壁。盾构进行管片壁后补偿注浆时，暂停降水井抽水避免浆液堵塞管井后期无法启用。

（4）盾构穿越加固区时，循环泥浆指标以满足在既定排泥流速下的携渣能力为主控项，同时在地面提早排空部分桶槽储备清水待盾构爬升至套筒后切入置换。穿越加固区泥浆指标以黏度18~20s（苏氏漏斗）、相对密度1.15~1.25、砂率≤4%、胶体率≥95%为宜。

盾构穿越加固体掘进参数控制指标见表4-5。

盾构加固区掘进参数控制指标　　表4-5

环　号	掘进速度 （mm/min）	刀盘转速 （min^{-1}）	扭矩 （kN·m）	推力 （kN）	进泥流量 （m³/min）	排泥流量 （m³/min）
1210~1216	10~15	0.8~1.1	3000~4000	50000~70000	20~23	22~24

5）磨墙至进入钢套筒（1217~1224环）

盾构掘进至1217环时，刀盘下部超前刀先接触地连墙围护结构，降低刀盘贯入和控制刀盘转速至0.5~1r/min，掘削地连墙速度为2~3mm/min，当全盘刀均参与磨削地连墙时可提高转速至0.8~1.2r/min；同时适当加大泥水环流，确保混凝土块和玻璃纤维筋顺利排出。

根据洞门凿除后掌子面实际里程、轨道位置,结合盾构掘进参数反馈综合判断刀盘磨穿地连墙时机,及时停止刀盘转动推进至套筒钢轨上。钢套筒内推进可适当增加切口压力,增大推力防止管片松弛。

套筒内掘进时,盾构同步注浆采用增加抗水分散剂的同步砂浆,避免与套筒联通后有压水冲散浆液。盾尾通过延长钢环时,同步注浆填充、管片二次注浆和延长钢环预留注浆孔注入聚氨酯砂浆封闭,实现洞门钢环和管片外壁间空间迅速有效封闭,确保洞门封堵安全,具体形式如图 4-38 所示。

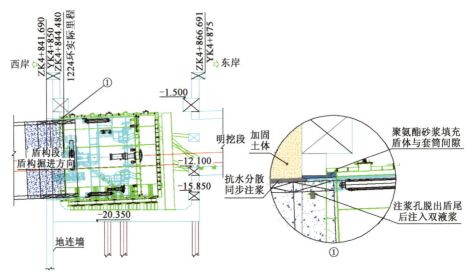

图 4-38 钢套筒内接收及套筒内密封示意图(高程单位:m)

6)盾构接收封堵施工

(1)洞门注浆封堵

盾构机爬至套筒内指定位置时,再次对管片壁后和延长钢环预留孔进行双液浆注入,注浆压力宜为 0.3MPa 以内,预埋洞门钢环预设注浆孔作为备用孔应急使用。注浆结束后待注浆体凝结且强度达到一定要求后检查注浆效果。检查方式为:①将套筒连通管液位降低至某一液位,观察液位是否稳定,若不稳定,说明注浆效果不佳,需继续注浆;②利用冲击钻开启洞门环管片注浆孔,安装球阀后看是否有较大水渗出,若有,则需继续注浆,直至检查无水为止。

(2)洞门封堵立焊

洞门注浆密封后,利用泥水循环系统抽排套筒内泥砂,然后开始洞门立焊钢板封堵工作。封堵钢板尺寸为 1000mm(弧长)×400mm(宽)×12mm(厚度),从上至下割除套筒延长钢环并清理注浆体,然后逐块焊接立焊钢板。立焊钢板需设置注浆孔以便于后期注浆封堵需求。左线接收洞门封堵立焊钢板与封堵效果如图 4-39 所示。

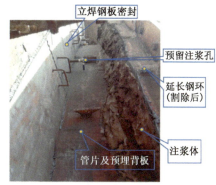

a) 洞门立焊钢板　　　　　b) 洞门立焊封堵实拍图

图 4-39　洞门立焊效果图

(3) 洞门渗漏风险应对措施

为了防止盾构接收时发生洞门涌沙涌水的风险，采取检查洞门注浆环箍密封、持续进行降水、快速逐块割除延长钢环并焊接立焊钢板、焊接完成之后严格检查焊接质量、从下部预先设置的球阀进行水泥浆压注直到上部球阀中溢出为止等措施。

7) 钢套筒拆除

洞门封堵并验证效果后，将泥水管路切换至旁通模式进行管路泥浆循环，直至排浆口泥浆接近水，切入泥水仓进行泥水循环，加大前方冲刷抽排泥砂，直至将套筒内、泥水仓内泥砂抽排干净，利用钢套筒下部泄压孔和注浆孔等排空套筒内的水。

洞门封堵完成并将套筒内水排空后，即可拆除盾构接收钢套筒支撑体系，闷盖支撑、反力架支撑、套筒侧腰支撑及其他临时支撑拆除。

4.6　本章小结

通过本项目大直径钢套筒辅助盾构进出洞施工工程实例，从工作井的端头加固、钢套筒与反力架支撑体系组装、未作明挖暗埋段加深设计盾构机与后配套台车安装、盾构始发与试掘进、钢套筒盾构接收与平移转体等方面详细介绍了施工过程管控的要点，并且总结了相关施工经验，为类似项目施工组织与管理提供了可借鉴的经验。

CHAPTER FIVE 第5章

陆域及穿江掘进施工技术

5.1 上软下硬地层掘进

5.1.1 上软下硬地层介绍

本项目隧道 K(Y)2+560~K(Y)2+850 段(对应左线环号 80~225,右线环号 995~1140)约 290m,掘进断面地层上部为③5、③7 淤泥质粉质黏土地层,下部为③8 和④粉细砂地层,上部地层软塑,具有高压缩性,下部粉细砂地层致密,承载力强,属于典型的上软下硬地层。左线该段地层掘进过程中,掘进姿态难以控制,出现了严重的垂直姿态上漂现象(图 5-1),导致纠偏困难,管片错台较大(图 5-2),对施工进度及施工质量造成了较大影响。

图 5-1 姿态超限　　　　图 5-2 底部管片错台

5.1.2 盾构掘进控制

为了避免该段地层出现盾构姿态不良的现象,掘进过程采取以下措施:
(1)增加配重

在人仓过渡仓内堆放管片螺栓、刀具等,增加盾体重心之前的重量;在 1 号台车最前方左右侧八字轮上方设置储存平台,堆放钢板等重物增加 1 号台车前方八字轮对下部管片的压重。

(2)降低泥浆比重

提前制备新的膨润土泥浆,调整池泥浆相对密度 1.10~1.15,黏度 20s 左右;掘进前提前启动泥水循环,对管道内泥浆进行再分离,掘进完成后适当延长泥水循环和泥水分离设备工作时间,降低泥浆相对密度;当通过地层含泥量较大,泥浆黏度和相对密度上升过快时,泥水站需及时进行弃浆加水,降低泥浆相对密度,相对密度不宜大于 1.25。

(3)同步注浆控制

同步注浆配合比应增加水泥用量,必要时可添加增黏剂,降低稠度,缩短凝结时间;在缩短凝结时间的基础上可适当加大同步注浆量为正常掘进时的 1.2 倍左右。必要时可在 1 号、6 号(上部注浆孔)同步注浆管盾尾内接入三通球阀同步注入水玻璃。

(4)剪力销管片使用

当出现连续三环管片错台大于 10mm 及以上时,为控制管片错台,增强成型隧道管片整体性,增加管片剪力销使用;剪力销管片应先使用整环 23 个剪力销,后续根据错台情况,可适当减少使用的剪力销数量。

(5)掘进区压差及姿态差值控制

右线上软下硬地层掘进为上坡掘进,掘进时控制下区压比上区压大 2~4MPa,垂直姿态前后差值 20~30mm(前高后低),均位于设计轴线以下,姿态不宜小于 -50mm。

5.1.3 上软下硬地层掘进小结

通过盾构左线、右线掘进总推力、扭矩、切口压力、注浆量、姿态等情况对比分析,总结如下:

(1)刀盘开挖直径和刀具优化效果验证

右线掘进过程中总推力和扭矩参数良好,明显小于左线掘进同里程段,未出现因总推力或扭矩过大而造成的进仓查刀现象,上软下硬段掘进在未采取左线全部防上浮措施的情况下也未出现垂直姿态失控现象。比较以上参数,右线明显优于左线的一个重要原因是右线始发前将刀盘开挖直径由原设计的 12.16m 增加到 12.21m,对外周先行刀的结构形式进行了优化,此措施可作为以后类似致密粉细砂地层盾构刀盘设计的借鉴。

(2)同步注浆量控制

本次西岸陆域段掘进同步注浆量为 14~15m^3,通过地面沉降观测与左线对比,隧道内同步注浆量与地面沉降并无直接关系,左线掘进同步注浆量大于右线,局部地面沉降反而大于右线。致密粉细砂层渗透性极小,且开挖后有一定的收缩,同步注浆填充系数 0.9~1.0 基本能够达到填充要求,同时也能减轻对盾尾密封的压力,保护盾尾。

(3)盾构机上浮控制

本次上软下硬段地层掘进,采取的防上浮措施主要是全环安装剪力销以及控制垂直姿态下行 30~50mm,过程中未出现垂直姿态上漂和失控现象。本次姿态控制良好的主要原因如下：

①刀盘开挖直径增大，避免了掘进过程中向上部软弱地层的挤压上漂。

②全环采取剪力销管片，增强了管片的整体性，减小了盾尾管片的向上错台，有利于抑制管片上浮和盾构机上浮。

③右线掘进该段为上坡，管片受到向下分力，不易出现向上错台和管片上浮。

（4）地表沉降的分析

通过对比注浆量的变化，发现地表沉降量与注浆量无明显对应的负相关联系，但地表沉降仍超限严重，最大达到 8~10cm。分析原因为刀盘切削扰动砂性土和黏性土的互层，层间承压水窜连失压，另高触变性、灵敏性的淤泥质黏土加剧了沉降的发生。建议类似项目提前进行设计变更进行地面加固处置。

5.2 盾构穿江堤掘进

5.2.1 江堤概况

西岸江堤宽约 9m，抛石护岸出露地面长度约 15m，西岸江堤为块石夹砂的砂堤，江岸迫近堤脚，堤身临江，无护堤平台或挡土墙，仅为抛石护岸。具体穿越路线如图 5-3 所示。盾构穿越防洪堤控制范围里程为 KY3+105~KY3+135（掘进环号为 855~870，成型隧道管片环号为 860~875）。两岸防洪堤如图 5-4 所示。

图 5-3　隧道线路示意图

图 5-4　西岸防洪堤

盾构穿越江堤通过地层从上至下依次为:③1 粉质黏土,③2 层粉砂,③3 层粉质黏土、淤泥质粉质黏土,③4 层粉砂,③5 层粉质黏土、淤泥质粉质黏土,③6 层粉砂,③8 层粉细砂,④层厚层粉细砂。覆土厚度 36.0m,地下水埋深 37.4m(到刀盘中心)。

5.2.2　穿越江堤主要风险

因西岸防洪堤无挡墙基础,仅为抛石护岸,且本次穿越防洪堤位置位于海军学院内,属于军事禁区,一旦出现防洪堤垮塌、地面沉降超限,不仅处理难度大,还会造成严重的社会影响。

5.2.3　盾构掘进控制

(1)防洪堤掘进主要参数

855~870 环推进速度基本保持在 25~30mm/min,切口水压基本维持在 4.40bar 左右,刀盘转速为 1.2r/min,总推力基本维持在 92000~99000kN;扭矩为 3600~7000kN·m。

(2)防洪堤掘进主要控制点

①注浆量控制。

实际掘进过程中揭露④粉细砂地层致密,渗透效果差,注浆量参照左线防洪堤掘进以及右线正常段掘进,为避免注浆压力大,易击穿盾尾密封,因此在控制地表沉降的前提下实际控制的注浆量为 15m³/环(右线正常段掘进为 14m³/环)。

②注浆压力控制。

为避免注浆压力过大击穿盾尾密封,注浆压力控制作为同步注浆的主要控制指标,不得大于切口水压和盾尾密封设计压力,同步注浆压力控制值为 0.6MPa。

③切口压力控制。

盾构下穿江堤时切口水压取 0.50~0.55MPa,为避免压力过大对盾尾密封造成影响,同时结合左线掘进防洪堤段实际压力以及右线掘进过程压力控制情况,实际切口压力控制值为 4.40~4.50bar。

④沉降监测。

沉降监测是同步注浆施工、切口压力控制的直接反馈措施,也是西岸防洪堤掘进的关键控制指标,按照方案控制要求沉降控制指标为 -30mm/+10mm(正值为隆起),实际控制目标为 -10mm/+10mm,实际监测数据显示,最大地面沉降累计值为 -7.14mm,监测数据验证了同步注浆量 15m³ 以及切口压力 4.4~4.5bar 是合理的。监测数据见表 5-1。

盾构防洪堤掘进参数一览表 表 5-1

监测点	环号	里程桩号	累计沉降（mm）	监测控制值（mm）	预警状态
DBC50-1	868	ZK3+115	-6.77	-30/+10	无
DBC51-1	870	ZK3+119	-7.14	-30/+10	无
DBC52-2	872	ZK3+123	-5.27	-30/+10	无

(3)过江堤掘进小结

①过江堤段掘进,地面沉降控制是关键,因此必须严格按照监测方案进行防洪堤以及地表建(构)筑物的沉降和变形监测,及时反馈数据到监控室和技术管理人员。

②过江堤段掘进时切口水压参照左线掘进 4.7bar,考虑到大的切口压力会增加盾尾密封的压力,实际设置值为 4.4~4.5bar,通过沉降监测验证是合理的。

③过江堤掘进,同步注浆量应进行适当增加,考虑到致密粉细砂地层,渗透系数较小,实际同步注浆量按照 15m³/环控制即可,既能很好地填充盾尾间隙,又能防止击穿盾尾并保证地面沉降在控制范围。

穿堤段位于盾构掘进全断面砂层的陆域段,通过地表沉降检测和反馈注浆量是否适宜。由于砂层的收敛性较小,在全断面砂层同步注浆时充盈系数为1.3以下合理。

5.3 长距离密实粉细砂地层掘进

5.3.1 密实粉细砂地层特征

本项目隧道 Z(Y)K2+600~Z(Y)K4+370 约 1770m,需穿越③8 和④粉细砂地层,其中 1095m 为全断面粉细砂地层,约占隧道全线长度的 45%。③8 粉细砂,深灰色、饱和、密实,局部中密,颗粒级配差,主要矿物成分为石英、长石等,该地层强度较高,力学性质较好,地基土容许承载力基本值 200~300kPa;④粉细砂地层,浅灰色、灰褐色、饱和、密实,成分较均匀,主要矿物成分为石英、长石等,该层强度较高,力学性质较好,推荐地基土容许承载力基本值 200~300kPa。

5.3.2 施工风险分析

根据地质勘察报告揭示,④粉细砂地层石英含量达到 65%~80%、标准贯入度击数平均值 47、黏聚力 7.0~9.1kPa、内摩擦角 35.0°~36.1°、重度 20.5kN/m³、压缩系数 $0.09MPa^{-1}$,具有颗粒级配均匀、地层强度高、承载力高的特点,完全符合河口海岸铁板砂地层密度大、强度高、压缩性强、承载力高的特点。其高石英含量使得盾构在该地层中掘进面临着刀盘及刀具磨损快,需多次带压进仓查换刀作业风险;且因该地层密实度大、压缩系数低,盾构纠偏过程受到地层抗力大,盾构在此地层掘进面临姿态纠偏难度大及盾体易出现较大变形的风险。

5.3.3 盾构掘进控制

针对密实粉细砂地层中施工风险,项目施工过程主要从刀盘刀具管理、盾尾圆度管理、盾构参数控制、盾构姿态控制、注浆管理等方面出发,保证盾构顺利穿江掘进。

(1) 刀盘刀具管理

右线隧道始发前对刀盘刀具进行优化改造,外周先行刀改为 L 形先行刀,辐条处边刮刀优化为弧形刮刀,增大切削面积,具体刀盘刀具优化内容详见 8.4.4。通过刀具优化形成开挖直径为 12210mm、12200mm、12190mm、12160mm 的 4 个梯度,保证刀盘开挖直径。

(2)盾尾圆度管理

将盾尾间隙测量点位从 8 点位改变为 23 点位全环测量,针对地层复杂、变化较快地层处适当增加单环掘进过程盾尾间隙测量次数,对盾尾间隙数值较小点位,加密测点,同时增加测量该点位位置盾体导向条与液压缸撑靴距离,为盾构掘进参数调整提供依据。

隧道全线掘进过程中勤测尾盾圆度,测量频率为 30~50 环/次。当盾尾间隙或撑靴与导向条距离较差时,盾尾圆度测量频率修正为 5 环/次,并通过与前次盾尾圆度测量结果进行对比,找出变形相对较大的位置,通报操作室、监控室、技术部,为后续盾构掘进提供依据。

(3)掘进姿态控制

本项目盾构机为大直径盾构,未设置有铰接装置,盾构机掘进中的姿态纠偏主要依靠区压差设置以及仿形刀开启,正常掘进过程中主要依靠设置不同的上下和左右区压差对盾构机进行不同程度的纠偏或保持目标姿态。姿态控制主要关注点如下:

①区压差设置。

正常掘进过程中,水平和垂直姿态的控制范围值均为 ±50mm,一般按照此目标设置区压差,使掘进姿态位于这个范围内即可。为预防区压差设置过大,每环掘进姿态的变化值不大于 5mm,特殊情况下纠偏,单环姿态变化值不得大于 10mm,避免大的区压差造成盾尾外部土压力过大,引起盾尾变形。

②仿形刀设置。

当区压差无法进行有效纠偏或区压差过大才能维持姿态时,可考虑开启仿形刀,仿形刀的开启范围和超挖量应根据姿态纠偏要求和姿态变化情况设置,可局部开启、半圈开启、整圈开启、达到纠偏要求即可,尽量避免整圈大超挖开启模式。开启仿形刀的单环纠偏量仍然按照 5~10mm 进行控制。

③纠偏事项。

根据详勘地质资料以及左线掘进同里程的实际地质情况,当地质变化时,提前 15~20 环进行水平或垂直姿态的针对性调整;当掘进设计线路进入水平转弯或垂直变坡前,也应提前进行姿态的相应调整,如左转前,掘进水平姿态应提前调整到线路左侧,严禁继续保持在右侧掘进,避免后期纠偏过激或出现姿态超限现象。

(4)盾构掘进参数控制

①切口水压控制遵循以下原则:理论值计算为盾构当前位置静止水压力+0.2~0.5bar,将其作为盾构掘进切口压力控制范围;掘进过程中参考左线隧道

江中段掘进时实际控制值,同时结合盾构掘进拼装管片间隙停机时间气泡仓液位波动情况确定具体数值;每掘进50环进行一次校准。

②掘进过程对注浆量和注浆压力进行双控,避免浪费。根据左线隧道掘进经验,控制注浆充盈系数处于1.0~1.1。

③当推力明显增大,且不具备进仓条件时,可通过中盾径向孔注入膨润土浆液,减小摩擦,降低总推力,一般可开启中盾径向孔下部的1孔、2孔或多孔,注入压力应大于外部水压0.1~0.2MPa,注入过程尽量保持与掘进同步。为减少在盾构机上制作膨润土浆的时间和人员投入,膨润土浆由搅拌站或泥水站制作,由电容车运输进隧道,电容车上设置专用膨润土储存箱。

5.3.4 掘进效果分析

左线隧道江底段掘进约1220m,共计610环(371~980环),里程桩号为KZ3+150.285~KZ4+369.951,右线对应掘进区段为236~846环。河底段掘进时最小覆土深度19.31m,最大覆土深度32.7m,刀盘中心最大水深44.61m。自792环里程KZ3+992.9开始出现部分③9粉质黏土层和③8粉细砂层,在过江段将近结束时出现⑦2粉细砂层和⑦1粉质黏土层,其余部位全部为④粉细砂层,5种地层在地勘中强度都较大。通过对左右线掘进过程总推力、区压差对比展示右线隧道掘进效果。

(1)总推力控制效果

江中河底段掘进参数如图5-5所示。

左线隧道进入江底后,从371环开始,总推力仍呈现逐渐上升的趋势,由73000kN增大至128000kN并维持在较高水平(11万kN),总体刀盘转速控制在0.9~1.2r/min,推进速度为20~30mm/min。隧道掘进至613环,尾盾出现最大67.5mm变形,并在613~662环间进行盾构复推后的姿态纠偏,盾构推进速度较低,在671环后逐渐恢复正常掘进状态。

右线隧道进入江底时,总推力出现短暂增大至11万kN后快速降低至72000kN(324环)后呈现缓慢增大的趋势,最大10万kN,在769~808环间出现快速降低至65000kN后恢复正常区间88000~90000kN。整个右线江底段掘进顺畅,刀盘转速为0.9~1.2r/min,推进速度为25~33mm/min。

隧道江底段共计610环,右线隧道掘进累计用时110d,日掘进5.45环,实现隧道的快速掘进。

(2)区压差控制效果

在江中长距离密实粉细砂地层掘进中,左线隧道总推力较大,分区压力波动

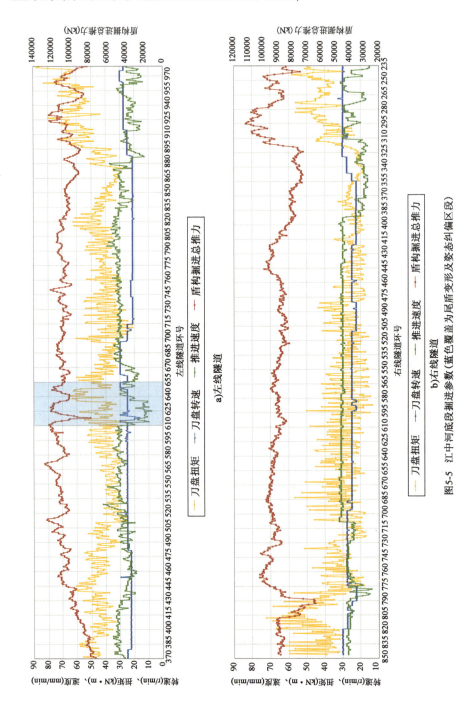

图5-5 江中河底段掘进参数（蓝色覆盖为尾盾变形及姿态纠偏区段）

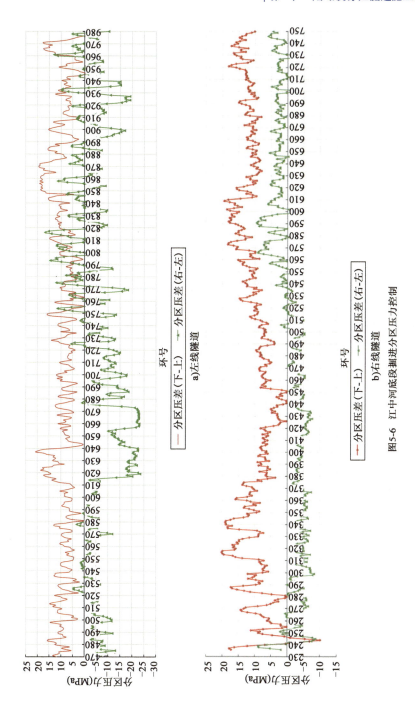

图5-6 江中河底段掘进分区压力控制

较大,尤其在620环之后,最大分区压力差达到25MPa,且上下波动变化频繁;通过刀具优化等措施,右线江中段掘进顺利,左右分区压力差控制在±5MPa之间,仅在隧道上下坡区段存在上下分区压力差较大情况,最大值仍小于20MPa,起到了良好的控制效果。

江中河底段掘进分区压力控制如图5-6所示。

5.3.5 盾构掘进小结

(1)刀盘刀具磨损及优化

本项目盾体外径为12.12m,初始刀盘设计开挖直径为12.16m,开挖直径单边大于盾体0.02m,左线盾构长距离穿越致密粉细砂地层,因外周刮刀磨损严重导致盾构推力过大,进行了4次带压进仓更换边刮刀,且因开挖直径减小曾导致盾尾出现严重变形。右线始发前将刀盘的开挖直径由12.16m增大到12.21m,且对外周先行刀和边刮刀的结构进行了加强,后续整个右线施工,总推力、盾尾变形均处于可控状态,未进行带压进仓换刀。因此,长距离致密粉细砂地层掘进,刀盘开挖直径宜比盾体单边大3~4cm,才能保证总推力及盾尾变形等可控,最大限度减少带压进仓次数。

(2)盾尾变形控制

当刀盘开挖直径不足、盾体整体强度偏弱时,致密粉细砂地层掘进进行大区压差纠偏,大直径盾构盾尾出现变形的可能性加大。因此,在保证刀盘开挖直径的前提下,纠偏时需注意控制左右区压差不宜过大,遵循勤纠、缓纠的原则,必要时可局部开启仿形刀进行扩挖。

致密粉细砂地层掘进尤其纠偏过程中,应加强对盾尾间隙、撑靴板与导向条间隙、盾尾圆度的监测,从而做到动态管理盾尾变形,在弹性变形内处理盾尾变形的难度会大大降低,避免出现塑性变形导致停工矫正。

第6章

CHAPTER SIX

千吨级盾构调头技术

本项目隧道在河底分离两管盾构,采用单台盾构掘进施工双线隧道。盾构先期施工左线隧道,由西岸工作井初次始发到达东岸工作井接收后,与接收钢套筒整体平移至右线工作井轴线位置,进行原位180°转体后二次始发施工右线隧道。盾构机总重1400t,接收时套筒内填料重量为240t,钢套筒自身重量为600t,液压缸重约20t,合计总重量为2260t。钢套筒筒体长14.40m,外径13.23m,对角线长度为19.55m,盾构机及钢套筒与工作井内衬墙最小距离仅536mm,转体空间受限,过程中需要对盾构机及钢套筒位置精确定位。小空间、转体位移的精确定位为盾构平移、转体施工的重、难点。

6.1 施工工艺流程

盾构机平移及转体包括盾构空推、管片拆除、盾构机管路整理及与1号台车约束的解除和悬臂设备的临时加固,安装垂直顶升液压缸系统后进行盾构机调平,拆除调坡支墩后沿隧道轴线向大里程方向顶推至指定位置后横向平移至右线盾构始发轴线,就位后不断调整液压缸反力后靠,使盾构机及套筒沿旋转轴心进行180°转体施工,而后顶推至始发洞门位置调坡。施工工艺流程详见图6-1。

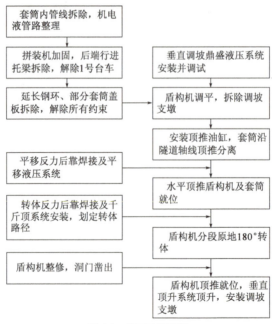

图6-1 施工工艺流程

6.2 盾构转场施工准备

6.2.1 基面处理

底板浇筑采用负公差控制且控制标准为-3cm,采用砂浆找平后满铺2000mm×6000mm×20mm钢板作为接收钢套筒的安装基面和盾构机平移及转体的滑移面。钢板间为60°的V形坡口焊接并打磨;钢板与底板采用植筋连接,利用φ22mm钢筋植入,深度不小于40cm,焊接后进行接缝打磨。

盾构机与套筒平移与转体方向前方不得高于后方。底板钢板安装时,可根据植筋位置调整穿塞焊位置,工作井最外周钢板植筋采用1200mm×1500mm梅花形布置,其余钢板在四角植筋即可,钢板铺设完成后进行钢板间焊缝、钢板与锚固筋穿塞焊打磨,铺设钢板平整度不超过5mm/m²。工作井底板施工如图6-2所示。

图6-2 工作井底板施工

6.2.2 平移及转体路径确定

盾构机平移共分为两个阶段进行。第一阶段使钢套筒与隧道洞门分离,到达工作井横向中线与左线隧道中线交点;第二阶段使盾构机及钢套筒沿工作井水平方向(由左线洞门至右线洞门方向)进行平移,到达设定的转体中心(工作井横向中线与右线隧道中线交点)。根据转体中心控制要求绘制盾构机平移路径,对盾构机平移精度进行控制。盾构机平移路径示意如图6-3所示。

对盾构机原位转体中心进行定位,钢套筒转体为筒身转体,转体前拆除端盖圆环及延长钢环,转体直径为19555mm,转体中心为工作井横向中线与右线隧道中线交点,此时钢套筒外周边界距离左侧端墙2253mm,与前后端墙距离为536mm,与洞门侧端墙暗柱距离为2197mm,与背洞门侧暗柱距离为3256mm。由于洞门内凹,端头转体空间略有增加,间距为685mm;明挖暗埋段未设加深段,下部无内凹空间,空间无增加,因此转体中心可向前移动343mm,前后端空间为866mm。

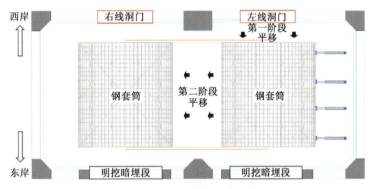

图6-3 盾构机平移路径示意图

盾构机及套筒转体空间如图6-4所示(未考虑前部洞门空间利用),内侧实线为钢套筒转体轮廓线,中间实线为转体控制线,外侧虚线为利用洞门内凹空间线。实际转体过程中,以中间实线为转体控制线,转体中心向小里程方向偏转300mm以内不用调整,超过300mm立即向大里程方向调整。

6.2.3 球铰基座安装

钢球及防脱板在加工厂内提前组装成套;钢球基座安装前,将钢套筒基座翻转90°,焊接自调心顶座;焊接后用钢筋连接固定中间座,钢套筒基座就位后,割除钢筋。钢球组焊接位置根据套筒底座钢结构和平移、转体需求进行均匀布置,套筒下井前安装中间区域 38 组钢球基座;盾构及钢套筒调平拆除调坡支墩后,在调坡支墩安装位置间两侧对称安装剩余 10 组钢球基座,左右各 5 组,共计 48 组。

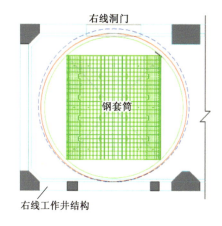

图 6-4　盾构机转体路径示意图

钢球安装过程中在半圆球头涂抹黄油润滑,安装完成后通过黄油注脂孔向钢球与中间座间隙注入黄油。

接收钢套筒组装前需提前在一体化基座安装钢球基座,并与一体化基座同步吊装下井进行钢套筒组装。

钢球基座安装区域分别为套筒底座、套筒侧边(需拆除支墩后安装)。套筒底座下井前,利用跨井门机将底座反转 90°进行自调心顶座的定位和安装,严格控制自调心顶座的高程统一,以利于钢球同时触地。根据短线匹配法进行高程控制,第二个基座自调心顶座安装定位根据第一个基座进行控制,第二个基座自调心顶座安装完成后吊装第一个基座下井,第三个基座以第二个基座为基准进行调心顶座安装,以此类推,直至完成全部钢球基座安装。

完成套筒及盾构机调平后,利用垂直顶升液压缸同步回缩,液压缸回缩前拆除调坡支墩以提供侧边钢球基座安装空间。回缩过程中利用手动液压千斤顶安装两侧剩余 10 组钢球基座,左右各 5 组,共计 48 组。

钢球安装过程中在半圆球头涂抹黄油润滑,安装完成后通过黄油注脂孔向钢球与中间座间隙注入黄油。同时设计配套长管以实现盾构机及钢套筒状体平移转体过程中通过黄油注入孔手打润滑油脂。钢球基座定位及固定如图 6-5 所示,钢套筒及钢球组组合如图 6-6 所示。

图 6-5　钢球基座定位及固定

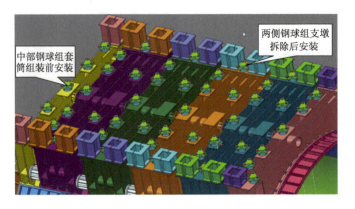

图 6-6　钢套筒及钢球组组合

6.2.4　PLC 系统安装及调试

PLC（Programmable Logic Controller，可编辑逻辑控制器）系统的等效电路分为 3 个部分，即输入部分、输出部分和内部控制部分。输入部分就是采集输入信号，就像钢套筒平移、转体工作设备系统中分布于各个环节的数据采集器，如液压站工作压力、液压千斤顶行程、钢套筒姿态变化等数据信息由专门的信号采集器收集并发送给内部控制系统。内部控制系统是通过编程方法将实现钢套筒姿态控制的液压千斤顶操作的逻辑关系编写成软件。例如，钢套筒倾角同步上升或下降、钢套筒以某一个定点高度进行自动调平等操作形式可由软件编程写入内部控制系统。当内部控制系统接收到输入信号后即响应对应的程序关系并输出给系统的执行部分，即输出部分。触发执行信号实现液压缸的自动控制。

PLC 系统调试时首先对单个液压缸的伸缩动作和油缸行程进行校核，再按照左右对称原则分组调试，最后使 20 组液压缸达到异步协同的效果，确保液压缸顶升作业的安全可控。

6.2.5 后配套台车分离

盾构机掘进至指定里程后完成盾构接收,进行后配套台车分离及气电液管片整理。工作内容主要包含:①管片拼装机前进至前端,利用楔块进行固定;②台车与盾构机主体间连接泥水管路、机电液管路和线缆分离;③牵引液压缸顶推台车,完成盾构与后配套台车的分离;④门机吊装拆除拼装机后半段行进托梁。

6.3 盾构带钢套筒平移

6.3.1 盾构带套筒调平

考虑盾构机及钢套筒重量,按单边 10～200t 和 10～120t 配置顶升液压缸,利用套筒支座预留的液压缸箱安装顶升液压缸,从刀盘前端至后单侧分别为 5 个 200t 千斤顶和 5 个 120t 千斤顶。利用液压系统 PLC 自动程序顶升盾构机及钢套筒使最高调坡支墩离地,依次逐个拆除调坡支墩,在套筒底座两侧安装剩余 10 组钢球基座,左右两侧各 5 组;对钢球组和工作井底板涂抹润滑黄油,以减小平移转体阻力;调节顶升液压缸使盾构机及钢套筒下降,PLC 系统按照设定位移量同时或分别调节顶升液压缸,实现钢球基座异步协同接触工作井底板基面,完成盾构机调平工作。钢套筒调平、钢球组触地如图 6-7 所示。

图 6-7　钢套筒调平、钢球组触地

6.3.2 盾构脱离洞口

盾构脱离隧道洞口为第一阶段纵向平移,根据钢套筒与工作井内衬结构距离选用不用型号液压缸,顶推钢套筒基座使盾构与成型隧道结构分离,向隧道大里程方向推进约2700mm。盾构脱离洞口如图6-8所示。

图6-8 盾构脱离洞口

6.3.3 盾构横向平移

盾构横向平移主要采用顶推液压缸推动盾构与钢套筒整体沿预定设计线路,从左线工作井平移至右线二次始发工作井中心。共计顶推更换液压缸位置10次,盾构与钢套筒整体横向平移19986mm。盾构横向平移如图6-9所示。

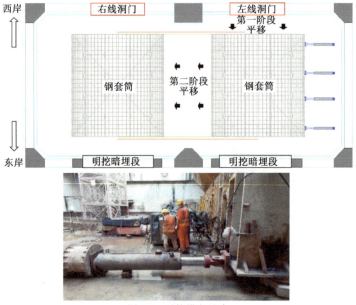

图6-9 盾构横向平移

6.4 盾构带钢套筒转体

6.4.1 转体施工过程

通过钢球基座室内试验确定钢板面与钢球的滚动摩擦系数0.05,选定转体用液压缸总推力为1150kN,设计采用2个推力630kN(20MPa)、行程1100mm的液压缸用于转体。转体液压缸安置在靠山液压缸箱内,采用双U形活动铰连接两端,与盾构机及套筒支座成45°角,液压缸行程1100mm,辅助顶铁长700mm,按单次顶升长度1800mm计,设计转体角度为9.5°,单次顶推长度为1144.5mm(利用工装),累计转体19次(不含微调就位和过程纠偏),完成180°原位转体。

盾构180°转体过程中,当出现斜向转体推力过大或出现转体拟定位移超限时,利用对角液压缸作为转体动力,另一组对角液压缸作为限位或平衡,调整盾构机及钢套筒角度及位置,使盾构机按照设计线路转体。盾构机及套筒转体如图6-10所示。

图6-10 盾构机及套筒转体

6.4.2 施工质量控制要点

本次盾构带钢套筒整体平移转体为受限工作井空间内的大直径、大重量、小

间距施工作业,施工过程精度要求高,其主要施工控制如下:

(1)工作井基面处理采用铺设钢板、砂浆填充方式,作为盾构与钢套筒整体平移转体的行进基面,其平整度应不超过 5mm/m²。

(2)盾构与钢套筒采用整体平移转体方式,运动过程惯性大,施工过程控制液压缸推进及盾构移动速度不应超过 50mm/min。

(3)盾构与钢套筒横向平移过程中,沿隧道轴线方向偏差不应超过 150mm;转体过程单次转动角度偏差不应超过 40′,水平及纵向偏差单次不超过 200mm。

6.4.3 工效分析

本次大直径盾构整体平移、转体施工采用钢球组+钢板的新式工艺,降低了钢套筒基座与地面的摩阻力,减少了顶推系统的推力,增加了施工安全性,缩短了推进时间。其中纵向平移 2.7m,采用 4 根顶推液压缸,最大推力约 7000kN。横向平移 19.986m,共计顶推 18 次。自 2020 年 8 月 26 日开始顶升平移 PLC 系统安装调试,至 2020 年 9 月 16 日完成钢套筒与盾构机的转体工作,累计耗时 22d。相比分体吊装拆除方式进行盾构转场,累计节约工期 70 余天。

6.5 本章小结

通过设计一种新型球铰基座安装于钢套筒基座,并辅以液压缸顶推、工作井底板铺设钢板、回注砂浆填充密实,在不采用大型起重设备的前提下快速高效完成了 2000 吨级盾构机分阶段整体平移、原位 180°转体、二次始发,实现了盾构快速转场,大大提升了施工进度,有效缩短施工工期。

第7章

大直径盾构水下接收技术

7.1 水下接收前提及必要性

本项目西岸盾构采用水下接收技术主要基于以下3个方面的考虑：

(1)盾构施工工期的影响。考虑到社会影响力，在保证质量、安全的前提下尽早实现隧道贯通，造福于卡纳普里河东西两岸人民，因此采用水下接收来加快盾构工期进度。

(2)钢套筒接收成本高、工期长。水下接收减少了套筒底座拆除、组装、套筒的跨河运输、套筒的维护，具有明显的工期和成本优势；钢套筒已经历多次始发及接收作业，再次使用钢套筒进行接收无法保证密封效果的绝对可靠，可能造成涌水涌砂风险。

(3)端头加固效果良好。结合西岸左线始发端头加固(三重管高压旋喷桩＋冻结帷幕)、东岸左线接收加固、东岸右线始发端头加固处置实际施工验证，三重管高压旋喷桩＋垂直注浆帷幕＋强降水满足端头加固及盾构机进出洞安全要求。

7.2 水下接收施工准备

7.2.1 工作井中隔墙及挡水墙施工

西岸工作井中隔墙预留多处洞口，在盾构水下接收前需提前进行封堵施工。本次封堵结构设计为300mm厚钢筋混凝土现浇墙体，以双层双向ϕ16mm钢筋网片，按照150mm间距布设，中墙封堵厚度及配筋计算以开口最大处(尺寸为高7.168m×宽9.5m)为依据进行设计，其余部位洞口部分施工与此处相同，墙体不做具体防水及密封要求，但应保障渗漏水量小于降水井抽水补给量。明挖暗埋段距离工作井临边3m位置设置挡水墙，结构形式及配筋与中隔墙封堵结构相同，在明挖暗埋段底板和侧墙对应位置进行植筋，与挡水墙主筋相连形成整体，墙体后部增设3排3道型钢结构＋堆砌部分砂袋进行加固支撑。中隔墙结构设计及中墙洞口分布如图7-1所示，西岸右线堵水墙设计如图7-2所示。

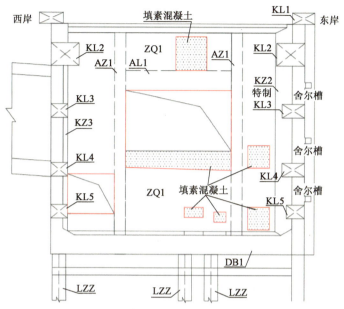

图 7-1　中隔墙结构设计及中墙洞口分布

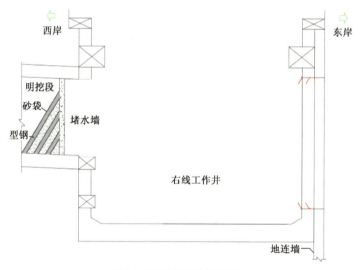

图 7-2　西岸右线堵水墙设计

7.2.2　洞门密封装置安装

水下接收洞门密封装置设计为 2 道多层弹簧钢板束组合的密封形式(洞门钢环内为第一道,外侧为第二道),第一道钢板片密封由 15 层 1mm 弹簧钢片交

137

叠安装组成，弹簧钢片通过提前在洞门钢环焊接钢板基座后由螺栓固定连接。第二道弹簧钢板片由 19 层长短交错的弹簧钢片组成，弹簧钢板片密封具有较强的刚度，相较于钢丝刷或帘幕橡胶结构具有更强的握裹力，能够提供足够的摩擦阻力束紧拉住盾体，推力增大后将有利于管片拉紧，更好地保证接收端隧道防水质量。根据洞门预埋钢环直径 12590mm、盾构机刀盘外径 12160mm，理想接收姿态下，单侧间隙为 195mm，弹簧钢片束径向投影长度为 600mm，与刀盘外周相交 405mm，故本装置对盾构接收姿态具有较好的容错性。洞口密封装置设计如图 7-3 所示，盾构机穿过密封装置示意如图 7-4 所示。

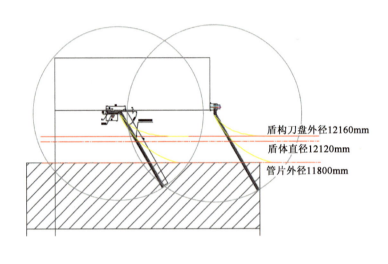

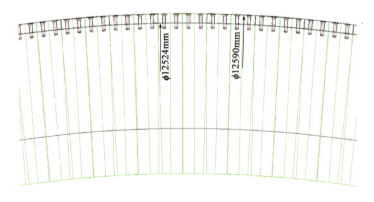

图 7-3 洞门密封装置设计

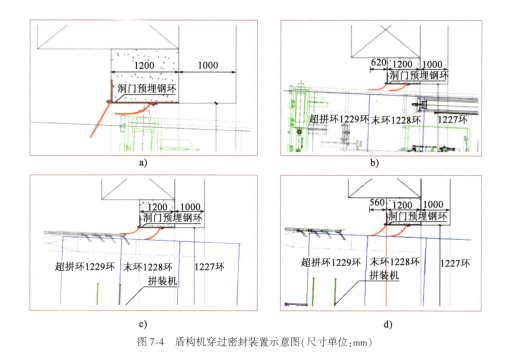

图7-4 盾构机穿过密封装置示意图(尺寸单位:mm)

7.2.3 接收基座设计与施工

接收基座采用两道纵梁+多道联系梁钢筋混凝土结构,基座横向为400mm×400mm横向连系梁,使接收基座连接形成整体。接收基座施工前根据盾构机实际姿态及预测盾构穿越洞门中心,进行接收基座定位、浇筑,接收基座纵向坡度为3.995%。基座施工时以前后两端高程进行控制,坡度偏差小于0.2%。基座设置4道轨道,采用200mm×200mm方钢,夹角分别为15°和30°,导轨下设置工字钢预埋,近刀盘处钢轨为顺利实现刀盘爬升以15°进行切割形成斜面,在刀盘略低于轨道高程时仍具备爬坡向前能力。基座根据盾构机爬升最终解体位置,于前盾、中盾、中盾、尾盾处设置800mm宽工作槽,为盾体拆解时提供充足的作业空间。基座预留工作槽与盾构机最终到达位置如图7-5所示。

7.2.4 工作井填砂注水

在洞门密封、接收基座、工作井中隔墙、明挖暗埋段隔墙等工作完成后,向井内回填砂土,砂土为中粗砂。砂土回填高度以大于基座轨道5cm为准,回灌水高度为洞门中心以上2.4m。工作井填砂灌水现场如图7-6所示。

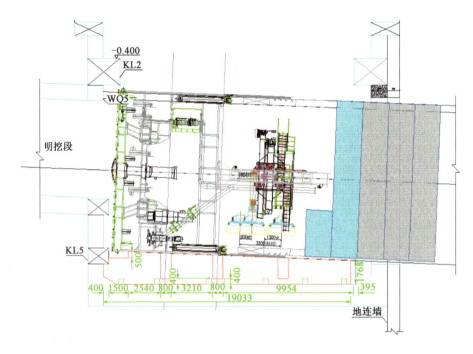

图 7-5 基座预留工作槽与盾构机最终到达位置(尺寸单位:mm;高程单位:m)

图 7-6 工作井填砂灌水现场

7.3 水下接收施工工艺

盾构接收掘进定义为最后 100 环掘进,接收阶段工作从接收基座施工、中隔墙上封堵施工等准备工作开始,直至盾构机爬升至拆机机位,洞门封堵完成为止。其中1129~1213环为原地层掘进,即加固体前掘进;1214~1220 环为加固体中掘进;1221 环为地连墙掘进,1221~1228 环为盾构机爬升至基座直至最终拆机机位。盾构水下接收施工流程图如图 7-7 所示。

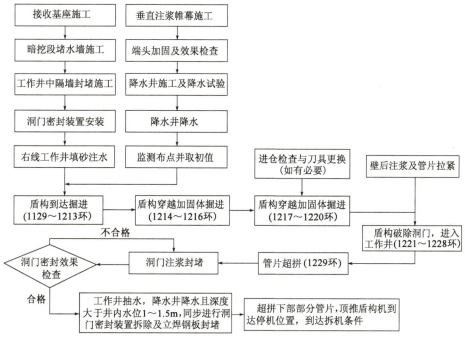

图 7-7　右线盾构水下接收施工流程图

7.3.1　接收测量

在距离隧道贯通面150 环时,采用陀螺仪定向对导线进行复合;在距离隧道贯通面 100 环时,要进行隧道内导线、水准点的复测,并增加各项施工测量工作的次数,做最后一次定向和高程传递测量。在距离贯通面 100 环内对新移站的吊篮,掘进 5~8 环后必须进行复测一次,与盾构机自动换站时测的坐标对比进行复核,确保盾构机姿态测量误差≤±10mm。在距离贯通面100环内,每天对成型后的管片姿态进行测量,通过每天的管片姿态测量实测出管片的偏差值,采取措施尽量减小偏差量。

7.3.2 加固体前掘进

此段地层较为复杂,上覆土为流塑状态的淤泥质粉质黏土,下卧层为标贯超过40的密实粉细砂层,为典型的上软下硬地层。左线隧道掘进过程中,出现盾尾上浮的现象。此段掘进为有效控制盾构姿态,减小管片错台,自1100环起设置30环试验段,施以一定的辅助措施,确定合适的掘进参数,主要为:①全部管片拼装时安装剪力销,增加已拼装管片的整体性;②调整同步注浆配比,尽量缩短同步注浆凝结时间,以更短时间内稳固后方管片;③调整同步注浆注入方式,上部:中部:下部调整为5:3:2,及时填充上部间隙;④在1号台车前部加工平台,通过加码钢块的方式对盾尾进行压重;⑤视姿态情况可适当在下半弧开启仿形刀,扰动下部密实砂。同时应贯彻掘进思路,提高姿态敏感性,加密测量监控频率,确保盾构顺利进洞。通过掘削地层特点、左线盾构始发经验和类似项目经验,确定盾构到达掘进盾构参数控制指标,根据掘进实际情况进行合理调整,盾构到达掘进参数控制指标见表7-1。

盾构到达掘进1129～1213环参数控制指标　　表7-1

环号	掘进速度 (mm/min)	刀盘转速 (min⁻¹)	扭矩 (kN·m)	推力 (kN)	进泥流量 (m³/min)	排泥流量 (m³/min)	泥浆黏度 (苏氏漏斗) (s)	泥浆 相对密度
1129～1178	20～30	0.8～1.1	3000～4000	55000～70000	20～24	22～25	18～22	1.15～1.25
1179～1213	15～25	0.8～1.0	2000～4000	30000～60000	20～23	22～24	18～22	1.15～1.25

7.3.3 加固体掘进

盾构穿越加固区掘进1214～1220环,需做好补偿注浆、管片拉紧,盾构穿越加固体掘进要点如下:①提高刀盘转速,降低推进速度。②使用内弧面预埋钢板、增设注浆孔的特殊环管片。③合理调整盾构机区压,在前期姿态调整的基础上根据洞门中心实际位置精细化调整姿态,确保盾构机顺利进洞。④加强管片拼装过程管理,对螺栓实行四紧制,分别为管片拼装初紧、掘进开始时二次紧固、管片脱出盾尾过程(管理行程1000～1200mm)三次紧固、管片脱出盾尾进行四次紧固。⑤掘进参数参照左线始发及接收段参数进行设置,盾构掘进总推力60000～80000kN,扭矩小于7000kN·m,转速1.0～1.2r/min,掘进速度3～

5mm/min,进排泥流量 24~26m³/min。⑥泥水指标对泥膜要求较低,需充分考虑泥浆携渣能力,盾构掘进泥浆指标黏度 16~20s(苏氏漏斗)、相对密度 1.10~1.20。根据接收阶段掘进时盾构机推力、扭矩的数据变化,研判盾构刀盘磨损情况,并在完成盾尾止水环箍并且地下水位降低至工作井底板以下后,进行进仓查看刀盘和刀具的磨损情况,确保刀盘的开挖直径,避免盾构机在穿越地连墙时发生"卡盾"。盾构掘进加固体示意如图 7-8 所示。

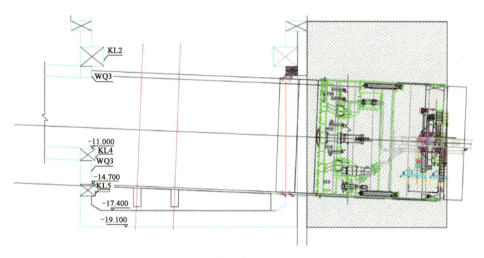

图 7-8　盾构掘进加固体示意图(高程单位:m)

7.3.4　地连墙掘进

盾构掘进至 1221 环时,刀盘抵至地连墙开始切削墙体。根据左线盾构始发及接收经验,盾构切削墙体前提高转速降低速度,刀盘转速为 1.0~1.2r/min(最大转速为 1.55r/min),掘削地连墙速度为 2~5mm/min,扭矩合理匹配 2500~4000kN·m。盾构磨削地连墙时,应降低贯入充分研磨,同时适当加大泥水环流,不定期进行浆液反冲,清理分流器,确保混凝土块和玻璃纤维筋顺利排出,避免泥水压力过高发生爆管。

7.3.5　盾构爬升至基座

根据盾构掘进里程和在地面相应位置标记盾构机刀盘实时位置,派专人在工作井观察刀盘与洞门密封装置相对位置,在刀盘上部穿出地连墙后及时停转刀盘,避免刀盘破坏密封装置。盾构机推进时对加固体内 1221~1227 环进行壁后注浆和管片拉紧。盾构机爬升期间需注意:①盾构推进时须进行同步注浆,浆液中适当提高水泥用量,填充系数为1.1~1.2,在不影响同步注浆的前提下,尽可能地缩短注浆浆液凝胶时间,管片拼装后,须及时进行槽钢连接拉紧,防止管片因正面推力减小而造成环缝间隙张开。②控制盾构机推进速度≤10mm/min,推力以盾构机顺利前进为宜,并适当控制进排泥流量,避免工作井内水位快速下降。③当盾构机刀盘推出地下连续墙的瞬间,地层的压力和井内回灌水的压力混合后可能会出现压力差,此时通过进、排泥循环流量差和SAMSON系统以地层压力为准来平衡盾构机切口压力,尽可能保证地层和井内水位的压力差为零。④及时对末8环管片进行连续壁后注浆,根据实际注浆效果选择是否加密或反复注入双液浆进行封闭。

7.3.6 加固体与原地层交界段止水环箍

盾构掘进至1220环完成后,盾尾完全进入加固体中,刀盘尚未触到地连墙,为阻止后方水体沿隧道外壁间隙窜流至刀盘前方,需在加固体与原地层交界的3环管片进行全环二次注浆,每环22个注浆孔依次从下向上、两侧对称注入双液浆(水玻璃:水泥浆体积比0.4:1,水泥浆配比1:1),直至浆液从上部邻近孔溢出为止。注浆孔开启时在打通管片外壁之后继续向外钻进50cm,充分打穿同步注浆包裹层,以使双液浆能充分填充外部间隙,充分起到阻水的作用。注浆完成6h后,逐个开启球阀检查注浆效果,若出现渗漏水现象,则重复上述操作,直至完全不漏为止。盾尾后方注入双液浆形成止水环箍的过程中,附近降水井应及时关闭,避免浆液随水流进入降水井堵塞水泵。

7.3.7 洞门密封注浆

对邻近洞门5环管片实行全环二次注浆以充分填充管片外部间隙,阻断下方及后方能存在的水体窜流,为后续洞门封堵作业提供条件。首先对邻近5环隔环进行全环双液浆注入(即首先进行1228环、1226环、1224环注浆),开孔方式与浆液配比与上述方法保持一致,待浆液凝固之后,对中间预留的2环以同样的方式进行二次注浆。首次注浆完成之后,逐个开启注浆球阀进行效果检查,特别是对1228环和1227环,需保证任何一个注浆孔不出现渗漏水的现象。

待盾构机推进至拆机预定机位,洞门邻近环管片注浆效果合格之后,即可降低工作井水位,清理井内泥沙,继而开始弹簧钢板束密封装置拆除与洞门密封钢板立焊作业。充分清理弹簧钢板底座焊疤,以保证钢板与洞门钢环充分贴合,管片外弧面垂直,钢板四边焊缝饱满、无漏焊,确保在水位恢复之后不发生渗水。

洞门密封钢板设计共 37 块，隔块设置注浆球阀，在完成钢板立焊之后，通过预留球阀，从底部注入水泥浆，直至水泥浆从顶部球阀溢出为止。左线隧道西岸洞门密封如图 7-9 所示。

图 7-9　左线隧道西岸洞门密封

7.4　水下接收经验总结

本项目西岸水下接收成功的关键在于选择了合适的工作井端头加固措施、设置了合理地掘进参数、加强了洞门密封的可靠性，防止水下接收过程中出现涌水涌砂、水土压力失衡等现象，证明了该方法对于孟加拉富水粉细砂地层的可行性。主要经验总结如下：

(1) 在富水粉细砂地层中，工作井端头采用高压旋喷桩 + 垂直注浆帷幕 +

管井强降水技术,可以保证盾构水下接收过程端头土体稳定和工作井结构安全。

(2)盾构机进入工作井时适当提升同步注浆水泥含量,填充系数1.1,掘进速度≤10mm/min,适当控制进排泥流量及SAMSON系统,可以保证地层和井内水位的压力差。

(3)加强洞门密封及盾构监测工作,采用两道弹簧钢片组合的密封形式,增强密封刚度及握裹力,有利于盾构机密封和压紧管片,可以有效增强洞门密封效果。

第8章

CHAPTER EIGHT

大直径盾构施工关键技术问题

8.1 管片裂缝分析与研究

8.1.1 裂缝统计

左线隧道自掘进开始，管片在螺栓孔及螺栓孔之间逐渐出现细长、纵向裂缝，并存在局部渗漏水的情况。裂缝出现时间为管片拼装完成后，盾构刚开始掘进时，在已拼装管片的后 1 环或后 2 环发生，裂缝从前向后瞬间延伸至管片中部，说明裂缝是在推进过程中受力产生，并且管片裂缝情况贯穿整个左线隧道掘进过程。裂缝整体特点表现为：均为沿隧道掘进方向的纵向狭长裂缝，且出现在管片内弧面，紧邻迎千斤顶面位置向后延伸。

隧道掘进过程中，裂缝的发育变化过程主要分为 5 个阶段：第一阶段为 0~223 环，此阶段裂缝主要集中在隧道顶部，为盾构浅覆土始发试掘进阶段，盾构机在 55 环开始出现明显上浮偏离设计轴线现象，随后在 100 环经过两段旋喷桩加固区域后进入③8 粉细砂地层。第二阶段为 224~300 环，此阶段裂缝分布无规律，各分区均有裂缝产生，为正常下坡掘进段，开挖断面土层由多层土逐渐变为单层④号密实粉细砂地层。第三阶段为 301~600 环，此阶段裂缝主要集中在隧道底部，为盾构穿越江堤进入海域段掘进阶段，开挖面为全断面④密实粉细砂地层。第四阶段为 601~650 环，此阶段裂缝主要集中在隧道左下方区域，为尾盾变形脱困后掘进纠偏掘进阶段。第五阶段为 651~1000 环，此阶段底部裂缝偏多，除右分区外，各分区裂缝数量均有明显分布，但整体数量减少，该阶段为盾构左转上坡区段，盾构机由单一粉细砂地层进入复杂地层。典型管片裂缝如图 8-1 所示。

（1）裂缝分布

根据裂缝统计图，按照各处裂缝所在时钟方位进行统计。时钟 10~2 点位视为隧道顶部，时钟 2~4 点位视为隧道右侧腰部，8~10 点位视为隧道左侧腰部，4~8 点位视为隧道底部。按照上述分类进行统计，结果如图 8-2 所示。

纵观上述统计数据，在各阶段裂缝发生位置均以隧道的顶部与底部为主，随着隧道左转弯趋势明显，左侧腰部裂缝数量明显增加。

（2）裂缝长度

根据各区间段裂缝长度，分别以 50mm、100mm 为界进行统计。定义 0~

50mm 为短裂缝,50~100mm 为中长裂缝,100mm 以上为长裂缝。管片裂缝长度分布如图 8-3 所示。

图 8-1 典型管片裂缝

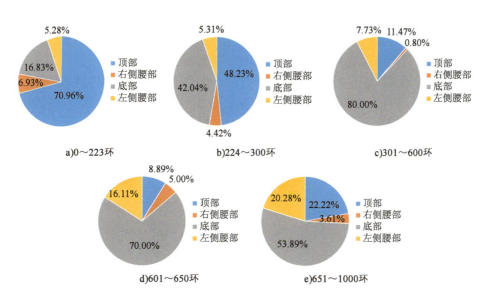

图 8-2 管片裂缝分布

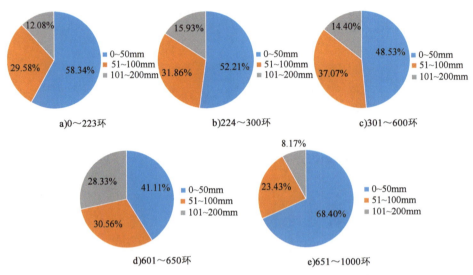

图 8-3 管片裂缝长度分布

8.1.2 原因分析

（1）盾构掘进施工参数

①总推力与裂缝的关系。

作用于管片上的力是管片开裂的最主要原因，其中盾构掘进过程中总推力过大是致使管片开裂的直接原因。当盾构总推力过大时，对于养护不好或配筋较少的管片可直接导致管片开裂，产生裂缝，甚至破损。

随盾构机逐渐进入粉细砂地层掘进，由于刀具磨损严重，盾构机总推力自170环后，呈现明显直线上升趋势，在249环进入全断面粉细砂地层时，盾构推力达到约15万kN。此阶段裂缝数量较多且无明显分布规律。

170~324环盾构掘进参数与管片裂缝数据如图8-4、图8-5所示。由图中数据可以看出，随盾构掘进总推力的增大，管片裂缝发生频率及数量明显增加，掘进至247环时盾构总推力达到14.5万kN，此时分区压力分布均匀且分区压差均小于10MPa，而裂缝数量达到了最多14条裂/环；随后盾构推力出现波动下降，分区压差增大，但裂缝数量也相应减小，说明过大盾构总推力与裂缝的产生有直接关系。

②分区压力与裂缝的关系。

在盾构掘进总推力变化不大的情况下，为确保盾构掘进姿态稳定，需要对液压缸分区压力进行调整，过大的分区压力将导致管片受力过大，出现裂缝。

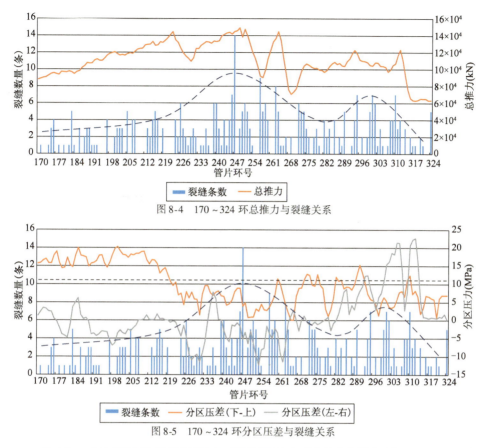

图 8-4 170~324 环总推力与裂缝关系

图 8-5 170~324 环分区压差与裂缝关系

在 620~640 环盾构掘进过程中,下分区及左分区压力均超越 25MPa,且对应分区压差达到 10MPa 以上,对应环号管片裂缝数量和发生频率明显增加,最多达到 13 条/环;而在 600~614 环间,分区压力分布较为均匀,小于 25MPa,且分区压差控制在 10MPa 以内,裂缝数量较少,说明大分区压力及大分区压差会引起管片裂缝产生。601~650 环分区压力与裂缝关系如图 8-6 所示。

(2) 管片环面凸台不平整

管片制作精度误差导致的凸台不平整是管片产生裂缝的一个主要因素。

本项目管片标准块在迎千斤顶侧均设置有 3 个凸台结构,在液压缸荷载作用下,开裂管片可视为一个以"管片自身凸台"为荷载作用点,以"管片相邻小环号环相应位置上的凸台"为支座的梁。若各凸台间存在不平整,则较高的凸台将会产生接触,能够传递荷载或支座反力;较低的凸台将无法接触,不能传递荷载或支座反力。开裂管片的受力形式可概括为四类:简支、双侧悬臂、单点悬臂、两点悬臂，如图 8-7 所示。

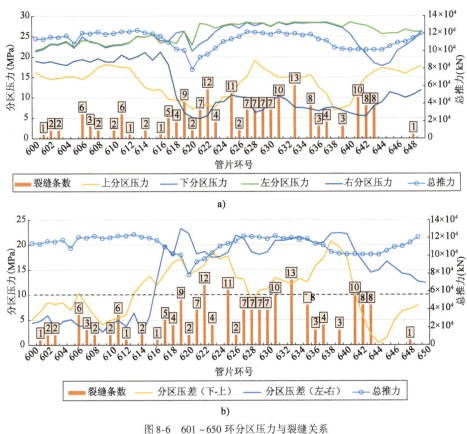

图 8-6　601~650 环分区压力与裂缝关系

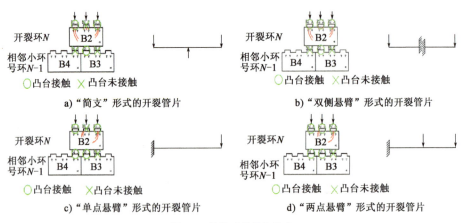

图 8-7　管片开裂受力形式

对 27～80 环管片裂缝数据进行统计,结果如图 8-8 所示。其中 86% 的管片开裂可以通过四种受力形式(简支、双侧悬臂、单点悬臂和两点悬臂)进行解释,由此可以判定凸台不平整是导致管片产生裂缝的重要原因。

(3)管片拼装精度不足

管片衬砌结构采用的是错缝拼装的方式,当前环管片均需横跨上一环两块管片。在管片拼装时,一部分千斤顶需要缩回,即产生局部应力释放,造成已拼装管片发生位移,产生拼装间隙,形成高差,当前环管片则易形成两端简支或悬臂受力情况,在千斤顶撑靴荷载作用下,产生应力集中现象进而导致管片产生局部裂缝。管片环缝间隙如图 8-9 所示。355 环管片环间间隙及裂缝如图 8-10 所示。

图 8-8　各受力形式管片开裂情况

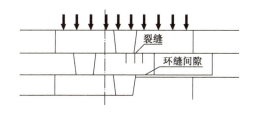

图 8-9　管片环缝间隙

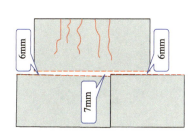

图 8-10　355 环管片环间间隙及裂缝

另一种情况则是同环管片分块拼装质量不足,管片分块间隙不均(图 8-11),形成内外喇叭状间隙,在封顶块插入过程,管片环向受力缩紧,间隙小的部位过度挤压形成裂缝甚至出现混凝土块掉落现象。

(4)盾构姿态不良

盾构机上浮造成管片开裂的机理是：盾构机上浮带动管片上抬，一方面管片环间不均匀上浮量导致两环管片形成环间错台，环间摩擦力、螺栓拉应力导致管片局部应力集中产生裂缝；另一方面同环管片间在浮力作用下也会产生不均匀上浮量，在地层压力及同步注浆压力下，管片边角则易受力集中产生裂缝。

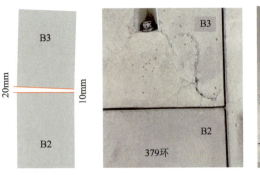

图 8-11　管片分块间隙

(5)撑靴中心偏位

盾构机通过千斤顶作用于管片上，形成反作用力促使向前掘进，在千斤顶与管片接触位置设置撑靴以减少管片压力。盾构掘进过程中，理想状态为成环管片中心线与盾构机本身中心线重合，但在实际施工中，两条轴线是存在偏差的，导致千斤顶的中心并没有与管片中心重合，造成管片处于偏心受压状态，同时由于撑靴损坏或其他原因导致撑靴倾斜地作用在管片接触面上，也会造成管片结构局部应力过大产生裂缝。撑靴与管片位置如图8-12所示。

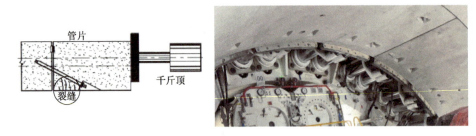

图 8-12　撑靴与管片位置

8.1.3　管片裂缝控制措施

管片产生裂缝的主要原因可以总结为管片整体承受荷载过大或局部应力集中导致，降低裂缝出现频率的措施应从改善管片受力和提高管片自身强度两方

面展开。为此,采取多种措施以改善或消除裂缝。具体措施及效果分析如下:

(1) 环间设置传力衬垫

在各环缝凸台上设置传力衬垫可以改变管片各凸台上的荷载分担情况,使得各凸台承担的荷载相对均匀一些,缓解裂缝产生。具体来说,当设置传力衬垫后,较高的凸台在承受荷载的过程中,需要发生一定的变形才能将传力衬垫压紧并承受荷载。当较高凸台传力衬垫的压紧变形量超过高、低凸台间的高差后,其他较低凸台的传力衬垫也将逐步变形、压紧并参与受力。在这一过程中,较高的凸台仍然承担了较大的荷载。但是,由于较低的凸台也参与了受力,使各凸台间受力发生变化,荷载更加均匀,缓解了管片裂缝的产生。

(2) 增加剪力销

剪力销的作用是将前后管片环向固定形成整体,减小环间错台,降低管片环间摩擦力及螺栓拉应力,确保相邻环管片均匀接触。剪力销的使用对减缓裂缝产生有积极作用但并不能完全消除裂缝的产生。

(3) 增加管片配筋

在进行盾构掘进施工控制的同时,对管片内部配筋进行变更,以作为管片裂缝控制的优化措施。具体变更内容为:

在纵向螺栓手孔连接部位,管片内侧增加一根通长钢筋(钢筋型号同主筋),在手孔及定位孔处通过钢筋"打弯"满足要求;也可考虑"钢筋等面积代换",采用两根直径较小钢筋替换,以降低钢筋加工难度。

管片内侧增加的通长钢筋应与外侧钢筋通过设置拉筋拉结形成整体骨架;将手孔连接部位的 7 号拉筋由焊接方式优化为一端 90°、一端 135°的弯勾拉结方式。

因增加了内侧钢筋与外侧钢筋有效连接,纵向螺栓手孔连接部位的迎土侧钢筋将直径 16mm 钢筋替换成与管片主筋型号相同的钢筋,该钢筋在管片外侧应均匀分布;纵向螺栓手孔处再增加一根与 9a 拉筋垂直的 U 形构造钢筋,并与钢筋骨架有效连接。管片配筋变更如图 8-13 所示。

盾构机在 900~1000 环间普遍采用配筋变更后管片,在掘进推力无明显波动情况下,裂缝发生频率及数量明显减少,平均 0.6 条/环,说明增加管片配筋,提高管片结构强度是缓解管片裂缝行之有效的措施。

8.1.4 总结

卡纳普里河底隧道左线掘进过程中管片产生裂缝的主要原因可以总结为管片整体承受荷载过大或局部应力集中,虽采取多种控制措施,裂缝情况仍贯穿整条左线隧道。

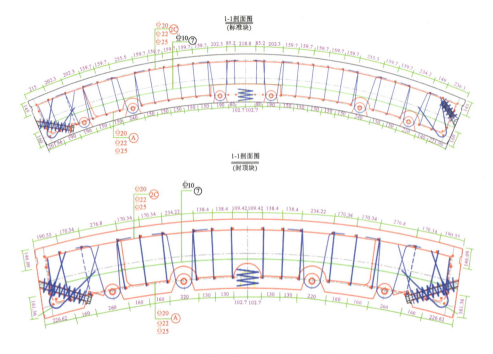

图 8-13 管片配筋变更(尺寸单位:mm)

可采取以下裂缝控制措施:

(1)严格规范管片制作质量,减小环面凸台精度误差;施工过程选择2mm厚传力衬垫,并保证传力衬垫粘贴位置准确。

(2)采用变更设计后衬砌环管片,拼装时控制管片初始拼装质量和精度,每块拼装完成及时检查环面平整度及环纵缝间隙,必要时进行调整;管片拼装完成后,采取"三紧制"及时对管片螺栓进行复紧。

(3)盾构司机在控制盾构掘进时根据设定的红线卡控标准,严格控制盾构掘进姿态,遵循"勤纠、少纠、缓纠"的原则进行姿态调整,特别是在转弯段掘进,盾构机应缓慢掘进,控制每环纠偏量。

(4)在浅覆土、上软下硬、地层复杂多变位置使用剪力销环管片及剪力销,加强管片环间连接,保证成型隧道整体性。

(5)盾构机在上软下硬或全断面粉细砂地层掘进时,控制盾构掘进总推力小于1.2×10^5 kN,同时尽量保证分区压力分布均匀,控制分区压力小于25MPa,区压差小于10MPa掘进;在推力过大时选择开启仿形刀、径向孔注入膨润土的方式进行减阻降低推力,必要时进行带压进仓查刀换刀,确保刀盘开挖直径。

8.2 盾构掘进姿态纠偏

8.2.1 盾构上浮控制技术

1）盾构机上浮失控原因分析

（1）地质原因

80环停机后，在73环、80环位置处进行了地质补勘。结果显示，隧道开挖面范围内土层与勘察设计阶段种类一致，均为粉质黏土层和粉砂层。隧道开挖范围内土层分布具有较大差异，补勘结果显示盾构开挖面下半部分全为粉细砂层，未见粉质黏土夹层，而原来勘测结果为盾构机下半部分有粉质黏土夹层。盾构实际位于上软下硬区域掘进，盾构机姿态不易控制。补勘如图8-14所示。盾构在上软下硬地层中大纵坡（4%）下坡掘进，盾构机垂直姿态容易上抬，并有向地层较软一侧偏移的惯性。

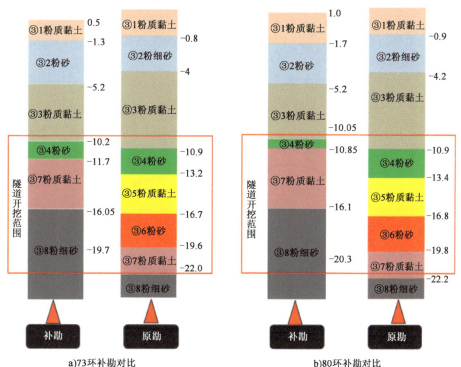

a)73环补勘对比   b)80环补勘对比

图8-14 始发阶段地质补勘对比图（单位：m）

(2)盾构机浮力大于重力

①尾盾处每延米管片抗浮验算。

根据单位长度管片抗浮条件(以65环为算例,同步注浆砂浆混合等泥砂重度取 14.5~16.5kN/m³,k 值取 1.1):

管片自重+覆土自重不小于浮力,并具有一定富余安全系数,即 $G_{管} + G_{土} \geq kF_{浮}$

其中:

$G_{管} = \pi(R^2 - r^2)\gamma_{混凝土} = \pi \times (5.9^2 - 5.4^2) \times 25 = 443.7(kN)$

$G_{土} = [(H+R)D - \pi R^2/2](\gamma_{土} - \gamma_{水}) = [(11.8 + 5.9) \times 11.8 - \pi \times 5.9^2/2] \times (19.7 - 10) = 1495.8(kN)$

$F_{浮} = V\gamma_{水} = \pi R^2 \gamma_{泥浆} = \pi \times 5.9^2 \times (14.5 \sim 16.5) = 1584.9 \sim 1803.5(kN)$

$G_{管} + G_{土} = 1939.5kN$ 与 $1.1 \times (1584.9 \sim 1803.5) = 1743.4 \sim 1983.85(kN)$ 比较,管片受到的浮力区间为 $-19.6 \sim 44.35kN$。

当增加注浆量,砂浆比例增大,包裹管片浆液重度接近 $18.5kN/m^3$(混合取 $16.5kN/m^3$),管片重量及覆土重量抵抗不了下部浆液和地层承压水浮力,管片脱出盾尾后向上浮动。此时,应通过盾构机的设备制造来解决此问题,如增加配重,延长1号台车行进轮位置;同时也可通过隧道内部结构压重来解决,如增加口型预制块等。

施工期盾构管片抗浮计算示意如图8-15所示。

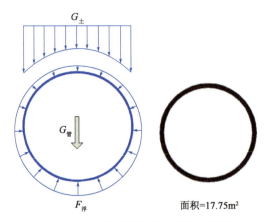

图 8-15 施工期盾构管片抗浮计算示意图

②盾构机抗浮验算。

根据盾构机抗浮条件,$G_{盾构机} + G_{土} \geq kF_{浮}$,其中 $G_{盾构机} = 14193kN + 960kN \times 2$

(尾盾内管片×2)+19.6kN=16132.6kN。考虑邻接管片对上浮管片的约束作用,即管片环间的摩阻力以及管片纵向连接螺栓自身的抗剪切能力,将多余上浮力由环向 46 个螺栓承担:

$$F_{浮} = V\gamma_{浆} = \pi R^2 \gamma_{泥浆} L = 0.25 \times \pi \times 12.16^2 \times 13.58 \times 13.5 = 21279.9(kN)(泥浆、砂浆混合等泥砂重度取 13.5kN/m^3)$$

根据计算盾构机及尾盾内的管片、脱出盾尾管片的约束作用等均无法使盾构机抵抗浮力,盾构机在此类条件下无法通过自身的措施抵抗上浮,应通过额外措施,如地层加固对盾构上浮予以控制。同时盾构机重心在盾体 1/3 处,盾构机为非均质刚体,盾构自重弯矩以刀盘下口为支点,刚体的浮力弯矩远大于自重弯矩,将加剧盾尾的上浮。

由此,认为本次盾构上浮的主要原因为提前进入上软下硬地层、盾构及管片重力小于上浮力。

2)盾构上漂控制措施

(1)旋喷桩加固地层

上部加固:采用三重管高压旋喷桩加固,地面以下 3m 开始,加固深度至隧道开挖面中部,平面范围为 14.12m(宽)×14m(长)。

下部软化:对下部砂层喷入膨润土进行软化,软化深度至隧道底部以下 1.5m,平面范围为 14.12m(宽)×14m(长)。

处理范围:设置两个加固区,分别位于 101~108 环和 132~139 环。

目标:使加固后上下地层标贯值折中至 $N=20$,提高上部流塑软土强度,提高下部铁板砂松散度,降低其强度。

旋喷桩加固平面布置和形式如图 8-16 所示。

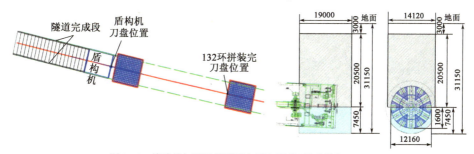

图 8-16 旋喷桩加固地层平面布置和形式(尺寸单位:mm)

(2)盾构纠偏参数控制

穿越加固体范围内控制盾构掘进速度 10~15mm/min,刀盘转速 0.8~1.2r/min,开启下部 120°范围内仿形刀,行程 180mm。纠偏掘进过程仿形刀开启范围和行程需根据盾构掘进使用动态调整,如盾构机头部单环下降量超过12mm,下一环减少或回缩仿形刀。仿形刀开启范围和实拍如图8-17所示。

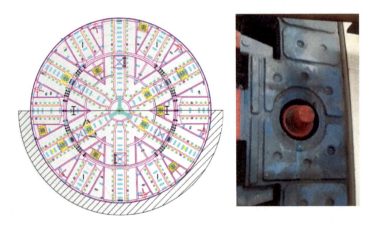

图8-17 仿形刀开启范围和实拍

(3)注浆管理

同步注入双液浆,利用1号、6号同步注浆管接出的三通使水泥浆和水玻璃在盾尾混合,整环注浆量不小于17.5m³;水泥浆配合比(每立方米用量,单位为kg)为:水泥:粉煤灰:膨润土:水 = 300:420:100:500;水泥浆:水玻璃 = 6:1(体积比),初凝时间25~35s。

(4)其他措施

管片拼装保证盾构间隙不小于55mm、液压缸行程差不大于80mm,预拼出超前量,形成管片下行趋势;管片拼装过程增加剪力销使用;执行管片4次复紧,分别为掘进20cm、100cm、200cm、管片脱出盾尾,复紧时优先复紧纵向螺栓;利用盾构机人仓和空余空间,增加盾构机配重抵抗浮力。

8.2.2 盾构左偏控制技术

1)盾构机左偏失控原因分析

盾构掘进后续两个阶段的盾构左漂失控是在同一地层,掘进参数差异不大,盾构姿态不良和纠偏类似。以613~662环盾构掘进为例,进行水平姿态分析。

(1)设备原因

盾构机右转数远大于左转数,一旦刀盘左转,滚动角即向正值变化增大,即盾体相对于刀盘向右扭转,说明刀盘中心回转与盾体中心存在一定偏差;盾构机左偏情况自始发开始一直存在,只有由于之前处于左转弯平曲线段,300环后过渡至直线段,左偏问题日益凸显。

(2)地质原因

考虑穿江段上覆土层为入海口冲积形成 Q_4 新近系地层,不排除冲积地层同一深度左右差异较大的情况。

盾构掘进在进入全断面粉细砂之前,穿越过一段黏土、砂土互层地层,且掘进过程中姿态不良。盾构 613 环停机,在 19 号、20 号液压缸点位开孔取样,盾外存在包裹体,厚度 12~20cm 不等,芯样表现为硬塑状粉砂圆柱体。此胶结体为盾构在密实砂层掘进中,盾外粉砂与残留盾体上的黏土包结合,在巨大被动土压力挤压下失水形成。在包裹体的影响下,盾构机开挖直径小于尾盾直径,盾体后方左侧摩阻力大于右侧,形成机头左摆的力偶,很难达到左右分区压力来平衡力偶,盾构姿态失控。

(3)刀盘、刀具磨损

卡纳普里入海口地层大部分为粉细砂地层,尤其是③8、④号地层(刀盘所在地层),其平均标贯击数为 47,石英含量达 65%~80%,属于典型铁板砂地层。在此地层中掘进时刀盘及刀具极易磨损,尤其是外周刮刀,开挖直径减小导致盾构推力升高。根据换刀统计,在全断面粉细砂地层每掘进 100 环,边刮刀外边磨损 1cm。刀具磨损后,盾构姿态很难得到控制,必须长期开启仿形刀,保证开挖直径。

2)盾构左漂控制措施

(1)622~629 环盾构水平姿态纠偏

622~629 环,通过在径向孔左下区域放砂(4 号、5 号径向孔),脱出盾尾管片右侧双液浆注浆加固、拉大左右区压差等辅助措施,成功地缩小了盾构机前端和后端水平姿态差,并逐步趋平和稳定。开启右半区域仿形刀,仿形刀开启行程 10~12cm。

通过有计划地加大水平前后端姿态差,并逐步形成向右趋势进行盾构水平姿态的调整。在此过程中以水平姿态调整为主,垂直姿态由于左下放砂和运输、端面测量伸缩液压缸频繁等工作,掘进等待时间过长,垂直姿态呈缓慢下降趋势。

(2)630~640 环盾构水平姿态纠偏

盾构掘进至 633 环后,后端-前端达到 70mm,形成纠偏的有利夹角;掘进至 636 环时,前端开始缓慢右行,形成实质的水平姿态纠偏。

在水平前端逐步稳定下行,后端逐步拉大夹角,利用 20~22MPa 区压差已开始能够向右纠偏,此时推力范围在 105000~115000kN 之间,前后水平姿态差达 130mm。

614～646 环掘进盾构机水平姿态趋势如图 8-18 所示。

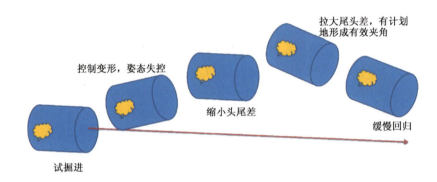

图 8-18　包裹体存在情况下的水平纠偏示意图

614 环复推水平姿态纠偏和盾尾变形控制是同步进行的,故水平纠偏过程中采取了许多控制尾盾变形的措施,两者的控制措施会相互影响。但总体目标是开孔放砂为包裹体外侧腾出空间,径向孔注入膨润土减小阻力防止尾盾变形的同时,保证盾构姿态整体形成向右掘进的前后姿态差趋势,保证盾构机回归设计轴线。

8.2.3　总结

(1)在盾构选型之初,需要充分考虑地层对盾构掘进的影响,尤其是上软下硬地层、密实铁板砂地层掘进。从盾构设备选型出发,前移 1 号台车车轮,增加盾尾附近几环管片的压重,抵抗盾尾和管片上浮;优化刀具形式(耐磨性能)和尺寸(开挖半径);检查盾构机是否存在偏转的可能;盾构机液压缸分区设置需经过充分论证。

(2)大直径盾构无铰接,姿态不良时,需要适当拉大头尾姿态差,形成有效纠偏夹角,缓慢有序地进行纠偏。

(3)盾构纠偏时,分区压力差较大,盾构推力较大,需要注意盾尾间隙和尾盾圆度监测,防止纠偏过程中尾盾变形。若盾构纠偏过程中发现尾盾变形有发展趋势,应在变形对应位置开孔放砂减压,控制变形发展。

(4)后期盾构机设计制造时,建议在有条件的情况下设置盾尾主动铰接,设置同步双液浆注浆系统,铁板砂地层使用弧形刀盘考虑换刀工况,合理设置单独操控的仿形刀,合理分布液压缸区压。

(5)左线盾构上浮、左漂等姿态不良,主要原因为:①盾构掘进地质问题,上浮软土的高压缩性和蠕变导致盾尾空腔无法抵抗浮力,可能存在海沟上覆土不同厚度;②始发段的过量注浆(包裹体经滴定试验初判无水泥)或盐水环境下的黏土聚集挤压包裹导致盾尾变径;③区压控制不灵活,司机操作不敏感,未能抓住区压差的敏感点错失调姿窗口,且白夜班司机掘进思路不统一;④开挖直径不足,锥行向前下部土压力向上承托;⑤可能存在的刀盘掌子面左侧嵌固异物,起支垫作用;⑥刀盘偏心,刀盘旋转存在较大数量差。隧道右线采用措施:改造刀盘,增加刀盘开挖直径并设置梯度,定期带压查换刀作业确保开挖直径;根据左线经验提前预判姿态变化,拉出左右角度或压低掘进,每环推进过程中遵循"勤纠偏、缓纠偏"原则。若以上措施无效,则进行地层预加固,尤其在右线接收段浅覆土、高压缩性地层区域。

8.3 尾盾变形矫正分析与研究

8.3.1 盾尾变形矫正情况概述

盾构正常掘进拼装612环后,开始掘进613环,完成2000mm管理行程后回缩液压缸拼装管片,此时液压缸撑靴板与盾尾内侧30mm高导向条互切,612环管片贴紧尾盾导向条并在端面附近保护层破坏。具体如图8-19所示。

图8-19 液压缸撑靴板与尾盾导向条互切

19号、20号液压缸间尾盾导向条与撑靴相互侵入,导向条磨损,部分仅余18mm(原导向条高30mm),与19号、20号液压缸对称位置的右侧4号、5号液压缸盾尾间隙50mm,此时可判断,导向条处的尾盾钢板向内变形不少于32mm(原此处盾尾间隙48~50mm)。

8.3.2 尾盾变形原因分析

尾盾内径设计为11960mm,管片外径为11800mm,在不考虑导向条设置的条件下,管片与盾体内壁间隙理论值为单边80mm,同直径方向盾尾间隙和为160mm。通过监测盾尾间隙数据可以间接验证尾盾结构的变形发展过程和趋势。

从533环开始至613环,19号、20号~7号、8号(变形最大处对角线间隙和)总间隙和值开始逐渐减小,呈现出明显的下降趋势;而20号、21号~10号、11号间隙和值逐渐增大,呈现明显的增长趋势。实际表现为19号、20号~7号、8号液压缸内凹变形,20号、21号~10号、11号液压缸外凸变形,通过盾尾间隙变化可知,尾盾变形为缓慢发展趋势。

现场采用磁力钻机进行钻孔取芯,确定变形区域壁后存在12~20cm厚度不等的硬塑状外包体。经试验室分析,外包体内部无水泥含量,因此不存在浆液的情况。考虑地质勘察报告中显示该区域段地层为砂层含少量黏土夹层,分析外包体的形成原因主要为在高水压海水环境中,地层中的砂土含黏土夹层在盾构周边选择性聚集成团、失水变硬,在盾构机向前掘进过程中不断黏聚-长大-挤密-脱落-再黏聚,最终形成硬塑状土体结块外包体。外包体取芯样品如图8-20所示。

图8-20 外包体取芯样品

综上所述,判断此次尾盾变形的主要原因为盾构在密实砂层掘进过程中,由于长期姿态不良导致盾体挤压外侧土体形成地层抗力,外侧粉细砂与黏土夹层相互结合成团,在长时间地层与盾体的相互挤压作用下不断失水形成具有一定厚度和硬度的硬塑状外包体。地层所受到的抗力通过外包体直接传递至盾体钢板,在尾盾结构刚度略有不足且周长不变的前提下呈现出外凸、内凹的不均匀变形。

8.3.3 盾尾矫正及变形控制措施

停机期间盾尾矫正采用双拼筒支梁配合排砂减压的方法,具体施工工艺流程如图8-21所示。

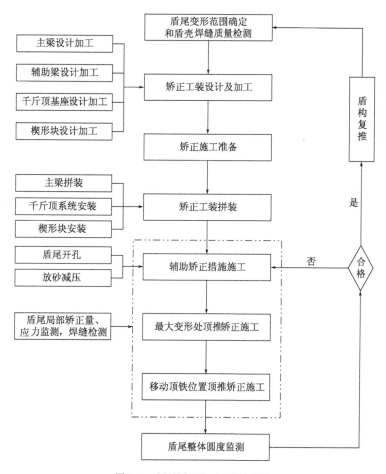

图 8-21 尾盾矫正施工工艺流程图

(1) 矫正施工准备

尾盾及盾体径向孔注入聚氨酯,尾刷后部2~3环注入双液浆,形成止水环箍;委托专业单位进行尾盾变形区域探伤,确认盾体分开连接焊缝质量;利用全站仪描绘测线,确定尾盾变形矫正区域;根据确定的矫正区域,划定工装占用范围,提前拆除盾构机内附属设备及管路;矫正区域下部液压缸铺设防火毯进行防护。

(2) 矫正工装设计

本项目设计一种"一字形"简易支撑梁,主梁为分段设计,各分段长度不一,以满足吊运及拼装需求。主梁截面为HW400×400型钢双拼形成的双H截面,型钢接缝处进行满焊并焊接200mm×20mm闷板,上下两个端口处焊接20mm

厚钢板进行封口；主梁各分段两端均焊接 1000mm×600mm×20mm 法兰盘，段间采用 M28 高强螺栓连接；支撑梁钢材均为 HW400 型钢，根据设计需求切割为不同长度，与主梁焊接连接。对各分段进行编号，如图 8-22 所示。

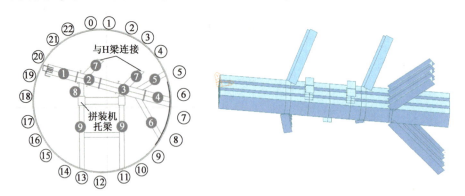

图 8-22 矫正工装结构

（3）矫正工装拼装

利用手拉葫芦、吊带等设备将矫正工装依次吊运至指定位置进行拼装，单梁安装顺序为③-②-④-①，依次将各分段主梁进行对接，通过梁端法兰盘用 M28 高强螺栓进行连接；连接完成后整体吊起定位，将主梁后端与弧形钢板进行焊接加固；定位焊接后部斜支撑，上部斜拉杆焊接在中盾 H 型梁上，下部支腿并立在拼装机平台上。随后依次固定安装千斤顶、楔形块顶铁。

（4）尾盾开孔

盾体开孔位置避开变形区域管路及拼块焊缝，遵循任意 3 孔不在同一直线的原则，利用磁力钻机在矫正区域周边进行开孔。

为安全起见，开孔确定为 φ32mm 孔，依次按照喷漆定位→M27 钻头钻进（60mm）→M32 丝锥抽丝→DN50 球阀安装→M24 钻头通进（20mm）→球阀关闭步骤完成开孔。

尾盾矫正前进行放砂时机及效果判定试验，根据放砂时机确定试验工况分别为不放砂加载、加载前放砂、加载时放砂、加载后放砂 4 种情况，加载方式为双梁单点顶推，均加载至最大荷载。

（5）通孔放砂

尾盾矫正前进行放砂时机及效果判定试验，试验结果显示放砂减压对顶推矫正具有积极作用，首次放砂泄压可在一定程度上释放孔位周边土体压力，实现尾盾钢板弹性变形部分回弹，而再次放砂效果不明显；可以确定加载前放砂减压为顶推矫正最佳矫正组合方式；单次放砂体积 0.5m³ 以下对盾构机泥水仓液位、盾尾油脂压力和盾构机各项参数无不良影响。

（6）矫正方式

根据矫正工装梁组合方式和顶点位置确定两轮矫正的方案。第一轮矫正顺序按照先盾尾区域后中盾区域、先变形量大的区域后变形量小的区域逆时针方向进行。第二轮矫正根据第一轮矫正结束后盾尾圆度测量数据和盾尾间隙变化确定，具体顺序为：近盾尾区域单梁单顶点下部顶撑矫正、近盾尾处双梁单顶点进行盾尾顶撑矫正。

每次加载顶推前，顶推区域开孔放砂 0.5m³ 左右，具体放砂量可根据顶推效果确定。放砂完成后，利用全站仪采集顶推区域盾尾钢板变形量初始值。由两个 500t 千斤顶从 0 开始同步逐级加载，每级加载压力增值不超过 5MPa。每级加载完成后，稳压 5~10min，利用全站仪逐个采集矫正变形量数值，详细记录对比后，方可继续进行加载。尾盾矫正顺序示意如图 8-23 所示。

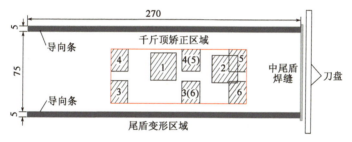

图 8-23　尾盾矫正顺序示意图（尺寸单位：mm）

（7）矫正效果分析

通过采用简易矫正工装不同的组合加荷方式和不同顶撑点循环矫正的方法，盾尾矫正达到预期目的，尾盾钢板向内最大变形处均有明显的外凸，上部外凸处也有不同程度的向心内凹，均向理论盾尾真圆运动。

对比盾尾矫正作用点 1.1m 断面（最大变形断面）测量结果，最大变形处由内凹 67.5mm 变形至外凸 6.5mm，最大变形区域平均内凹变形 14mm，与盾构组装时盾尾最大内凹 12mm 对比，最大变形区域的盾尾矫正基本恢复至装机初始状态。矫正前后变形对比如图 8-24 所示。

（8）尾盾变形控制措施

盾构复推掘进后总结现场复推后控制变形措施及经验如下：

①加强盾尾间隙监测，由 8 点位米字形测点扩展至 23 点位监测，全面掌握成型管片与尾盾相对位置关系。

②设置盾尾变形阈值,当液压缸撑靴与导向条间隙小于10mm时采取措施进行处理。

③开启变形区域对应范围仿形刀,为盾体变形区域提前扩挖空间。

④若尾盾产生较大变形,连续多环开启对应范围内径向孔进行放砂减压,单孔单次放砂$0.2 \sim 0.4 m^3$,单环放砂总量不超过$1.6 m^3$。

⑤主动降低盾构掘进推力,连续多环在中盾径向孔注入膨润土浆液润滑减阻,膨润土注入与放砂减压交替进行,单环注入总量不超过$1.6 m^3$,分$3 \sim 4$次注入。

⑥通过施工现场尾盾多次局部变形情况总结,认为盾构机尾盾钢板变形在5cm以内可采取措施得到有效的控制。

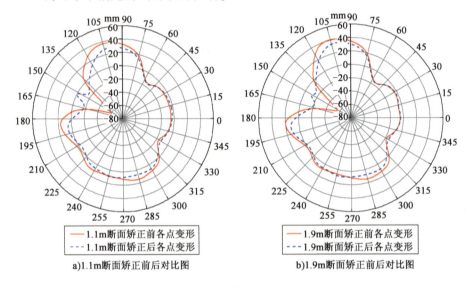

图8-24 矫正前后变形对比图

8.3.4 总结和建议

通过对尾盾变形原因及矫正措施的研究及现场应用,主要总结出以下施工经验:

(1)尾盾变形为逐渐发展的过程,变形时间较长,盾构掘进过程中应加强对盾尾间隙变化趋势的监测,尤其是存在易结块成核的黏土矿物的地层。

(2)盾构机处于理想状态直线掘进情况下,盾体结构在开挖空间范围内行进时,尾盾结构强度可以满足掘进需求;但盾构机掘进姿态不良或需要进行纠偏会导致盾体与土层产生额外附加应力,在设计阶段应综合考虑设备制造及工程成本,适当增加尾盾钢板的厚度或材料等级。

(3)盾体变形主要原因为盾体与地层土体相互挤压产生额外的地层抗力,地层所受到的抗力直接传递至盾体钢板,在尾盾周长不变的前提下呈现出外凸、内凹的不均匀变形;因此,在掘进过程中应严格控制盾构掘进姿态,避免盾构偏差超限,同时在纠偏时应当严格遵循勤纠少纠的原则,避免大幅度纠偏。

(4)尾盾钢板在弹性变形 5cm 以内,可以通过开启仿形刀、径向孔放砂减压、膨润土注入等措施有效控制,并恢复尾盾初始圆度状态。

(5)实际施工过程中,尾盾产生变形影响因素较多,地质情况复杂多变,此处所述矫正技术在应用方面还有待进一步的优化和改进,并且针对水下盾构盾体外侧存在外包体的处置方法还有待进一步研究。

8.4 刀盘及刀具适应性分析

8.4.1 刀盘及刀具选型设计

(1)刀盘分块设计

盾构刀盘根据孟加拉工地现场码头吊装能力进行分块,同时考虑现场安装整拼要求。刀盘分为中心盘区和其他 4 块,具体分块如图 8-25、图 8-26 所示。

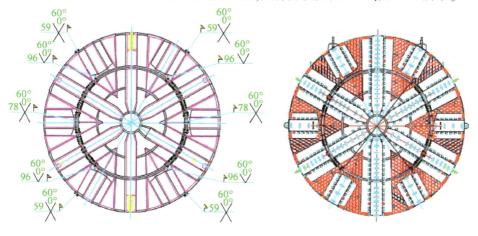

图 8-25 刀盘正反面正视图

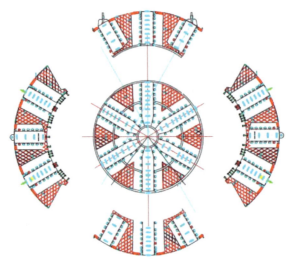

图 8-26 刀盘分解图

（2）刀具设计

本项目盾构机盾体设计直径 12120mm，实测最大直径 12150mm，刀盘外径（保径刀）12130mm，开挖直径（最外圈先行刀）12160mm。本项目盾构机设计为软土刀盘，刀盘侧边为平面设计，最外圈先行刀采用倾斜焊接的方式，将刀盘开挖直径由 12130mm 增加到 12160mm。刀盘正反面正视图如图 8-27 所示。为充分发挥刀盘上刀具的作用，刀具按照其不同作用进行梯度设置刀高。盾构机刀盘原装刀具主要参数见表 8-1。

盾构机刀盘原装刀具统计表　　　　　　　　　表 8-1

盾构型号	部件名称	单位	数量	刀高(mm)	备注
刀具配置	鱼尾刀	套	1	350	
	刀盘外圈保护刀	把	24	—	
	主切削刀/刮刀	把	282	130/110	其中边刮刀 24 把
	先行刀/撕裂刀	把	160	180	其中外周先行刀 18 把
	贝壳刀	把	25	190	
	17 寸双刃滚刀/重型撕裂刀互换	把	12	190	
	刀箱保护刀	把	24	—	
	磨损检测刀	把	2	150	
	仿形刀	把	2	—	主、副各 1 把

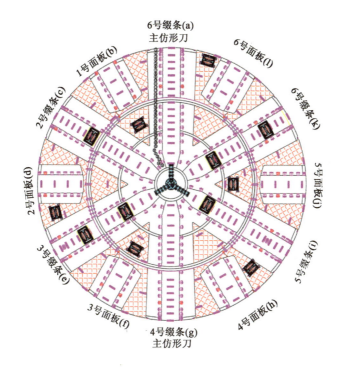

图8-27 刀盘正反面正视图(原设计)

8.4.2 刀盘及刀具磨损

左线刀具使用情况如下:

(1)始发过程推力异常和掘进中的姿态控制困难

盾构始发时,刀盘磨削地连墙掘进后推力远大于计算的理论推力,试掘进期间推力增加到70000kN,亦远大于始发阶段的35000kN,经过带压查换刀(80环位置)发现盾构开挖直径减小至12130mm,边刀崩角和磨损;盾构掘进至60环后,盾构垂直姿态调整困难,除上覆土高压缩性低抗力因素外,开挖直径不足亦可为其重要原因之一。

(2)带压进仓作业

左线隧道共计进行4次带压换刀作业,累计进仓108仓,更换边刮刀19把(表8-2)。在613环进行左线最后1次(第4次)刀具更换,第4次带压换刀共更换边刮刀3把(1号辐条右侧边刮刀、3号辐条左侧边刮刀、4号辐条右侧边刮刀),3把边刮刀全部更换为230mm宽(原设计215mm),开挖直径12190mm。

通过对更换下的刀具的测量对比发现,第 3 次更换的边刮刀磨损量不到 5mm,因此,本次未对全部边刮刀进行更换。边刮刀磨损测量如图 8-28 所示。

左线带压换刀统计表　　　　　　　　表 8-2

序号	进仓原因	停机环号	工作压力（bar）	进仓次数（次）	更换数量（把）	备注
1	垂直姿态失控,始发完成	80	1.8	21	2	主要进行撕裂刀和边刮刀的检查禁锢
2	总推力过大	224	3.6	50	6	拆除正面撕裂刀
3	尾刷更换	308	3.9	18	8	更换 1 号、3 号、4 号、6 号辐条边刮刀
4	尾盾变形	613	4.6	19	3	更换 1 号、4 号右侧边刮刀,3 号辐条左侧边刮刀

图 8-28　边刮刀磨损测量

（3）重型撕裂刀使用

第 2 次带压作业时,由于盾构机盾尾上浮严重且推力过大,拆除了 7 把重型撕裂刀,仅余 5 把。通过盾构进洞后刀盘检查,刀盘中心区域刀具完好,鱼尾刀未出现破除两次地连墙的崩损,重型撕裂刀对破岩和刀盘、刀具的保护作用明显,因此加装滚刀并无必要。右线始发时将安装 12 把重型撕裂刀,恢复原设计即可,同时对重型撕裂刀破除地连墙的有效性具备一定认识。

（4）刀盘磨损情况

盾构接收后发现刀盘内外周连接区域出现较为严重的磨损,磨损区域为深 31cm、宽 60cm 的环形区域。刀盘内外圈连接的圈板、刀盘内部筋板、刀盘盘面均存在磨损,具体磨损情况如图 8-29 所示;此处刀盘盘面磨损推测为掌子面异物定点磨损,仅从磨损量可判断为铁件或钢件,排除漂石,但泥水仓内检查未见铁件残渣。

图 8-29　刀盘磨损

8.4.3　刀盘及刀具磨损原因

(1)刀具磨损分析

盾构机长时间穿越密实粉细砂地层(约占隧道全线长度的 50%),该地层力学性质好,强度高,石英含量为 65%~80%,具有较强的磨蚀性,导致外侧刮刀开挖直径缩小。

盾构机掘进至 871 环,突遇卵砾石地层持续约 150 环,卵石尺寸最长约 30cm、宽 15cm。由于本项目盾构机刀盘刀具配置为软土地层刀盘,刀盘正面先行刀、刮刀与卵石碰撞造成刀具嵌固合金出现大量崩角。

(2)刀盘盘面异常磨损分析

刀盘在 $R = 4100 \sim 3515 \text{mm}$(近似)磨穿,刀盘正面磨穿形状一致。侧边不规则磨穿形状一致。结合刀盘重型撕裂刀 5 把全部都在,正面磨穿约 60cm 宽,磨损深度约 35cm,磨穿范围根据上下刀盘盘面蓝色初装油漆均在的现象进行合理推测:

刀盘正面嵌固异物(推测为铁件、沉锚或抛石),嵌固位置为刀盘左部,摩擦接触宽度最大为 60cm,深度方向不规则。

刀盘旋转并向前推进,铁件被挤入左部开挖面,先对辐条和面板范围先行刀进行摩擦,后对法兰面进行摩擦,盘面磨穿后刀具一同掉落。

异物挤入掌子面左边后嵌入稳定,导致盾构机向右纠偏能力减弱,左侧形成支点效应,异物嵌入时间为左侧纠偏失灵,异物消失时间为液压缸可进行有效纠偏。

8.4.4 刀盘及刀具优化改造

针对左线掘进过程中刀具使用情况，右线始发前对刀盘及刀具进行了如下优化和改进：

(1) 最外周先行刀优化

对原先行刀进行更换，原先行刀为上下相同厚度的刀具，新更换的刀具对刀具进行优化，使用∠形先行刀，在原先行刀的基础上对刀具进行加厚，刀盘开挖直径增加到12210mm，并将刀盘本体之外部分进行加长，增强刀具的耐磨性，延长刀具使用寿命。优化后外周先行刀如图8-30所示。

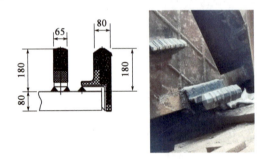

图8-30 优化后外周先行刀(尺寸单位：mm)

(2) 边刮刀优化

原最外周边刮刀使用一根销轴进行固定，在销轴上设有防止销轴脱落的带螺纹的保护销，保护销安装后使用点焊进行加强，防止保护销脱落。更换刀具时需要花费大量时间进行保护销焊点的打磨，并处以利用微型千斤顶(4cm厚)通过不断增加垫片高度将销轴逐步取出，施工效率低。为提高更换边刮刀的功效，在盾构机二次始发前对最外周边刮刀全部进行更换，使用全新设计的螺栓连接型弧刮刀，开挖直径增大到12190mm。优化后边刮刀如图8-31所示。

(3) 刀盘磨损修复

针对左线接收后出现的刀盘磨损情况，通过有限元计算，原刀盘强度满足本项目地层要求，因此，本次刀盘修复以恢复刀盘原状为目标，使用与原刀盘相同材料对刀盘进行修复。采用双层100mm厚的弧形钢板修复低于刀盘面的内外周连接法兰，再使用80mm、60mm、40mm厚的钢板修复辐条和面板的筋板，最后采用80mm厚钢板封闭形成刀盘平面。

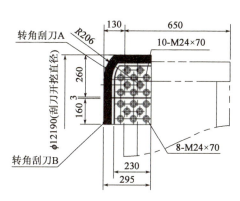 

图 8-31　优化后边刮刀(尺寸单位：mm)

①内外周法兰板修复。

将 3 段内外周法兰板在地面拼装为整圆,对拼缝进行分段分层焊接,采用吊车进行整体吊装,与刀盘原法兰对接,焊接临时定位及限位装置,确认位置后进行焊接。焊接时按照固定顺序沿同一方向进行焊接。焊接完成后使用 M36 螺栓对两道弧形钢板进行环、纵向加固,并对螺栓做止退处理。刀盘修复法兰板安装如图 8-32 所示。

图 8-32　刀盘修复法兰板安装

②辐条、面板筋板修复。

在内外周连接法兰修复完成后,进行对应每个辐条和面板处筋板的焊接修复,顺接筋板与原筋板,定位完成后进行焊接固定。刀盘修复筋板安装如图 8-33 所示。

③刀盘盘面修复。

辐条和面板处筋板修复后,采用80mm厚钢板对刀盘平面进行修复,修复后与原刀盘面齐平。刀盘修复面板焊接如图8-34所示。

图8-33 刀盘修复筋板安装

图8-34 刀盘修复面板焊接

④修复区刀具恢复。

刀盘修复完成后,对修复区域进行打磨平整,在辐条和面板正面恢复安装焊接型先行刀,两侧恢复安装刮刀。本次最终更换、优化和恢复的刀具318把,其中优化刀具42把(外周先行刀18把、边刮刀24把),增加刀具34把(外周保护刀24把、外周先行刀6把、正面先行刀3把、磨损检测刀1把),减少刀具2把(重型撕裂刀2把)。刀具布置如图8-35所示,具体统计数量见表8-3。

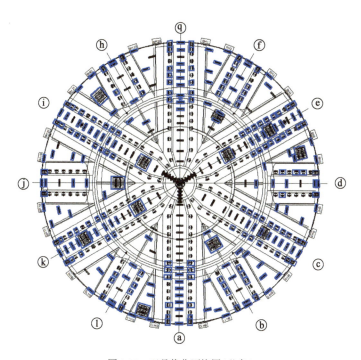

图 8-35　刀具优化更换图（蓝色）

优化后最终刀具统计表　　　　　　　　　　　　　　　表 8-3

刀具类型	更换数量(把)	备注
边刮刀	24	优化为栓接
正面刮刀	103	原计划更换 90 把，实际更换 103 把
主先行刀	81	其中 3 把为刀箱封闭后增加
外周先行刀	24	优化为 L 形，且增加 6 把
贝壳刀	25	已修复完成
重型撕裂刀	10	2 把刀箱封闭
外周保护刀	48	旧刀更换位置恢复，原位装新刀
磨损检测刀	1	管路走 g 辐条
仿形刀	2	
合计	318	

注：原刀盘刀具总量约 532 把，现刀盘刀具总量 564 把，增加刀具 32 把，更换刀具总数量 318 把。

8.4.5 刀具使用总结

根据左线盾构接收后刀盘刀具情况,在右线始发前对刀盘刀具进行优化。优化后,右线隧道1228环全程掘进顺利,未出现推力异常情况,未进行带压进仓作业;盾构机进洞后刀盘结构完整,无刀具掉落,开挖功能良好。

右线盾构接收后对刀盘刀具磨损情况进行统计,对所有刀具刀高进行测量,以期通过始发、接收刀具磨损情况对比推测出孟加拉隧道河底密实粉细砂地层的磨损系数,并对优化后刀具进行评价。其中面板处增加6把外周先行刀,开挖直径12210mm;其余位置外周先行刀开挖直径12200mm,外周边刮刀优化为弧形边刮刀,开挖直径12190mm,原刀盘外径以12110mm计。

(1) 中心鱼尾刀

盾构中心刀具设计如麻花钻头,刃口是否锐利将有效保证刀盘的贯入度。本项目中心鱼尾刀采用三联先行刀形式,共布置16把刀高180mm先行刀。接收后中心刀刃间结满水泥块,堵塞冲洗孔,初步判断为盾构机穿越加固体时未完全凝结水泥和土混合物覆满盘面,随掘进逐渐挤压密实;鱼尾刀刀具保存完整,磨损均匀,磨损量10~20mm,无崩角现象,说明此刀具在保证刀具完整性及有效贯入的条件下,可有效切削地连墙及加固体较硬地层。

泥水盾构刀盘不易结泥饼,特别是在砂性土地层中,要定期检查冲刷孔是否堵塞。中心鱼尾刀总成如图8-36所示。接收后中心鱼尾刀如图8-37所示。

(2) 刮刀

根据刮刀在刀盘上轨迹半径的分布,将刮刀分为4个区域:①中心区域刮刀:轨迹半径≤3550mm;②磨损区域刮刀:3550mm≤轨迹半径≤4155mm;③正面刮刀:4155mm≤轨迹半径≤6000mm;④外周刮刀:最外侧优化后弧形刮刀。由刀盘接收后实测数据可知,①~③区域刮刀均无明显磨损,平均磨损量1~2mm;外周边刮刀磨损明显,其刀盘正面出现凹槽形磨损,尺寸约为112mm×20mm×40mm,正面刀高平均磨损量约9.04mm,刀盘直径方面平均磨损18mm,即开挖直径减小36mm,开挖直径为12190-36=12154(mm)>盾体直径12120mm,刀具仍保持较好的开挖效果。隧道穿越全断面粉细砂地层距离约为1350m,由刀具磨损量可知,本次优化后外周刮刀在密实粉细砂地层中的最大磨损系数为2.2mm/百米,平均磨损系数为1.33mm/百米。外周刮刀正面凹槽磨损如图8-38所示,外周刮刀径向磨损统计见表8-4。

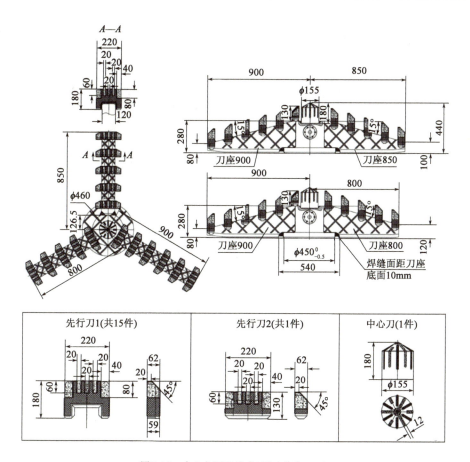

图 8-36 中心鱼尾刀总成(尺寸单位:mm)

图 8-37 接收后中心鱼尾刀

图 8-38　外周刮刀正面凹槽磨损(图中红圈)

外周刮刀径向磨损统计表　　　　　　　　　　　　　　表 8-4

刀盘位置	a 辐条		b 面板		c 辐条		d 面板		e 辐条		f 面板	
开挖直径(mm)	12190											
原刀宽(mm)	40	40	40	40	40	40	40	40	40	40	40	40
现刀宽(mm)	23	21	25	22	22	22	23	22	22	22	27	10
磨损量(mm)	17	19	15	18	18	18	17	18	18	18	13	30
刀盘位置	g 辐条		h 面板		i 辐条		j 面板		k 辐条		l 面板	
开挖直径(mm)	12190											
原刀宽(mm)	40	40	40	40	40	40	40	40	40	40	40	40
现刀宽(mm)	24	崩掉	啃轨	26	22	18	24	23	22	22	26	26
磨损量(mm)	16	崩掉	啃轨	14	18	22	16	17	18	18	14	14

(3) 先行刀

根据先行刀在刀盘上轨迹半径的分布,同样将其分为 4 个区域:①中心区域先行刀:轨迹半径 ≤3550mm;②磨损区域先行刀:3550mm ≤ 轨迹半径 ≤4155mm;③正面先行刀:4155mm ≤ 轨迹半径 ≤6000mm;④外周先行刀:最外侧优化后 L 形先行刀。先行刀刀高磨损数据统计见表 8-5,其中①区域先行刀刀高磨损较小,基本在 10mm 内;②区域先行刀磨损较为严重,大部分在 10～20mm 之间,且存在部分崩角、合金掉落;③区域先行刀刀高磨损不均,磨损量在 3～25mm 之间;④外周先行刀磨损最为严重,磨损量在 10～48mm 之间,其最大磨损量达到 48mm,其磨损系数达 3.56mm/百米。

根据盾构机厂家提供的刀具轨迹分布图,先行刀分布在 35 个轨迹中,将这 35 个轨迹分为按照刀具距离中心刀距离分为 5 份,每份包括 7 个轨迹,从这 5 份中各自抽取一个轨迹计算正面先行刀的磨损系数。具体计算结果见表 8-5,可以看出随刀具切削轨迹直径减小,正面先行刀磨损系数呈逐渐下降趋势,除轨迹编号 16 刀具外,此区域为左线掘进磨损缺失区域(法兰连接位置),同时在此区域刀具出现部分刀具崩角、合金掉落现象。由此判断此区域刀具磨损较大的原因主要有以下两点:①同轨迹线刀具数量过少;②修复焊接区域刀盘面盘及刀具高度较高于其他区域面盘,较早接触地层。

正面先行刀不同轨迹线上刀具磨损系数表　　　　表 8-5

轨迹编号	先行刀平均磨损量(mm)	轨迹直径(m)	行走距离(m)	磨损系数(mm/百米)
1	39.15	12.150	1350	2.90
11	11.43	9.040	1350	0.85
16	16.25	7.540	1350	1.20
25	11.25	4.840	1350	0.83
31	0.5	3.060	1350	0.04

最外周先行刀刀宽磨损如图 8-39 所示,其中 4 把开挖直径 12210mm 刀具因焊接刀盘吊耳割除无法统计,其他所有刀具磨损量基本处于 20～27mm(表 8-6),最大磨损 27mm,平均值 23.5mm,磨损系数 1.74mm/百米,刀具开挖直径最小值为 12152mm > 盾体直径 12120mm,仍保持较好开挖效果。

外周先行刀刀宽磨损统计表　　　　表 8-6

刀盘位置	a 辐条		b 面板		c 辐条		d 面板		e 辐条		f 面板	
开挖直径(mm)	12200	12210	12200	12210	12200	12210	12200	12210	12200	12210	12210	12200
原刀宽(mm)	45	45	50	45	45	45	50	45	45	45	50	45
现刀宽(mm)	21	21	—	22	22	23	23	23	24	23	—	24
磨损量(mm)	24	24	—	23	23	22	27	22	21	22	—	21

续上表

刀盘位置	g辐条		h面板		i辐条		j面板		k辐条		l面板	
开挖直径(mm)	12200		12210		12200		12210		12200		12210	12200
原刀宽(mm)	45	45	50	45	45	45	50	45	45	45	50	45
现刀宽(mm)	23	30	—	21	23	23	24	24	22	25	—	23
磨损量(mm)	22	15	—	24	22	22	26	21	23	20	—	22

图8-39 法兰区域先行刀崩角(图中红圈)

(4)贝壳刀

贝壳刀主要分布在面板上,其刀高为190mm,是最先接触地层土体的刀具。根据面板分布及刀具切削轨迹分布,统计25把贝壳刀磨损情况,见表8-7。贝壳刀刀高磨损量随轨迹半径减小,基本呈现逐渐减小规律,其最大磨损出现在面板h轨迹半径5880mm,达到50mm,磨损系数达3.71mm/100m;所有贝壳刀平均磨损量23.68mm,磨损系数1.75mm/100m;贝壳刀最小刀高140mm > 刀盘正面刮刀刀高130mm,仍起到一定先行作用,有较好切削土层效果。

贝壳刀不同轨迹线刀具磨损统计表　　　表8-7

刀盘位置	b面板					d面板				f面板			
轨迹半径(mm)	5880	5713	5430	4230	2430	5880	5130	4830	3330	5880	5711	5430	4530
原刀宽(mm)	190	190	190	190	190	190	190	190	190	190	190	190	190
现刀宽(mm)	154	171	170	170	174	144	175	173	164	150	160	173	176
磨损量(mm)	36	19	20	20	16	46	15	17	26	40	30	17	14

续上表

刀盘位置	b 面板				d 面板				f 面板			
轨迹半径(mm)	5880	5130	4230	3030	—	5880	5711	5430	4830	5880	5280	4530	2730
原刀宽(mm)	190	190	190	190	—	190	190	190	190	190	190	190	190
现刀宽(mm)	140	172	168	184	—	165	161	171	173	142	176	178	174
磨损量(mm)	50	18	22	6	—	25	29	19	17	48	14	12	16

(5)外周保护刀

外周保护刀优化措施:在原有24把外周保护刀基础上增加24把外周保护刀(550mm×78mm×35mm),增强外周的抗磨损抗磨损性能;考虑原刀盘的磨损性,先把原来磨损的外周保护刀刨下来,焊接至刀盘外周,新增加的外周保护刀焊接到原来保护刀位置(即有槽的位置)。其中刀盘外周保护刀磨损较多,较刀高设计值(35mm)平均磨损10~15mm,但因此处刀具为旧刀,其具体磨损数值无法确定;刀槽内外周保护刀基本无磨损。由此可知,在外周刮刀和外周先行刀能保证开挖直径的前提下,外周保护刀仅起到预防刀盘磨损作用;若主刀开挖直径不足,外周保护刀将和刀盘主刀一同起到地层土的切削功能,可有效保护刀盘。外周保护刀如图8-40所示。

图8-40 外周保护刀

(6)仿形刀

仿形刀优化措施:仿形刀副刀的配套液压系统进行更换,两把仿形刀刀头均按照主刀刀头尺寸进行重新加工制作,增加合金长度。右线隧道掘进全过程仿形刀使用仅10~20m,因此刀具无明显磨损。左线隧道掘进过程中仿形刀使用超过1000m,在降低总推力、保证开挖效果、调整盾构机姿态方面具有明显的效果,有效保障了左线隧道的顺利贯通。针对盾构隧道施工的特殊性及不可预见性,有必要保留仿形刀设计,并建议将主副仿形刀设计为同规格刀具,避免因油管堵塞、主刀磨损过大,不能起到仿形刀的超挖作用。主副仿形刀如图8-41所示。

图8-41 主副仿形刀

(7) 重型撕裂刀

右线始发时共安装10把重型撕裂刀,填充两个刀孔为180mm刀高先行刀。经过两次磨墙、穿越两段15m三重管旋喷桩加固区后,仍保存较好完整性,无崩角、合金掉落现象。结合左线施工经验,在滨海粉细砂地层中无加装滚刀的必要,但重型撕裂刀在破岩、保护刀盘刀具方面的作用仍有待进一步验证,是否可以通过增加先行刀轨迹、同轨迹刀具数量来代替重型撕裂刀的使用有必要进行验证。重型撕裂刀如图8-42所示。

图8-42 重型撕裂刀

(8) 刀座结构及与刀具连接形式

刀具与刀座通过销轴+防脱保护销+点焊连接(图8-43),在刀盘进洞后,刀座保存完好、无刀具掉落,证明此种连接方式可以较好地固定刀具。最外周弧形刮刀采用螺栓连接,同样无刀具掉落现象。结合左线施工经验,在带压作业期间需要花费大量时间进行保护销焊点的打磨。在拆除销轴时由于与相邻销轴之间距离过小,需利用微型千斤顶(4cm 厚)通过不断增加垫片高度将销轴逐步取出,施工效率低,因此,后续盾构项目可考虑在保证刀具连接稳定的基础上,将刀具与刀座连接方式更改为螺栓连接,以增加刀具更换的便捷性。

图 8-43 刀座与刀具连接

卡纳普里河底隧道刀盘采用辐条+面板式,开口率33%,优化后刀盘开挖直径呈 12210mm、12200mm、12190mm 三个开挖梯度。右线隧道全线掘进顺利,有效施工工期 8 个月,较左线节约 10 个月。隧道掘进期间无推力异常情况,未进行带压进仓作业;刀盘结构完整,无刀盘磨损、无刀具掉落,开挖功能良好,优化后刀盘、刀具满足项目施工要求。根据右线施工情况总结并提出以下建议:

①刀盘开挖直径进行梯度设计,密实粉细砂地层开挖半径应大于盾体半径 35~40mm。

②建议对边刮刀进行可更换形式设计,如螺栓连接形式。

③盾构穿越长距离密实砂(铁板砂)地层,标贯超过 40 可按软岩进行刀盘设计,边刀或刀盘进行弧形设计,增加刀具开挖效果。

8.5 盾尾刷适应性分析

8.5.1 尾刷结构设计及选型

盾构机盾尾布置 4 道尾刷+1 道止浆板,形成 3 道油脂腔,靠近液压缸(前方)的两道尾刷为栓接方式,后方的两道为焊接连接。本次尾刷更换位于第 308 环,停机盾尾覆土厚度 30.21m,地下水水位在地表以下 2.85m;刀盘覆土厚度 31.03m,地下水水位在地表以下 3.21m,刀盘中心水压 0.332MPa,盾构穿越地层为富水粉细砂地层。盾尾刷结构如图 8-44 所示。

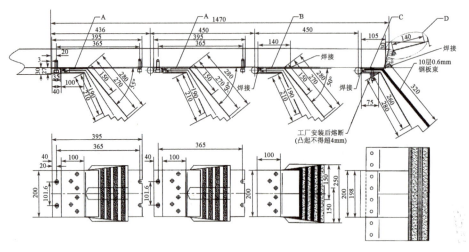

图 8-44　盾构机出厂尾刷图(尺寸单位:mm)

8.5.2　尾刷使用情况

1) 左线尾刷使用情况

左线隧道共计 1223 环,在整个左线隧道掘进过程中,累计进行 4 次整圈或部分盾尾刷更换。在尾刷更换过程中,发现换下的尾刷的上保板基本已经全部断裂缺失。在尾刷拆除过程中发现前两道栓接尾刷与盾尾之间不再密贴,靠近刀盘侧的两根螺栓无法完全将尾刷前端固定,在尾刷更换时可以清楚地看到前两道尾刷存在起拱的情况,尾刷在盾尾油脂压力的作用下被压得离开盾尾,在尾刷背面和盾尾之间行程通道。尾刷和盾尾之间的通道使得盾尾密封系统不再安全,随时存在盾尾漏水、漏砂的风险。

根据左线隧道尾刷更换情况,总结尾刷的破损模式主要有以下 5 类。

(1) 保护板前翻、折断

在左线盾构掘进期间,受液压油品问题,盾构机液压缸在管片拼装期间,液压缸不能将油压锁死,出现整个盾构机回退的现象,盾尾刷上保板抵在管片背弧面,被管片强行施加相对于盾构机向前方的力。随盾构机后退量增大,盾尾刷上保板所受到的力逐步增大,当盾构机后退量达到一定程度时,上保板会出现扭曲、前翻或折断的现象,保护板脱落后,管片与钢丝刷直接摩擦,进而导致钢丝刷的磨损、脱落,破坏盾尾刷的整体结构。保护板前翻、折断如图 8-45 所示。

图 8-45　保护板前翻、折断

(2) 尾刷内混入砂浆

此类型尾刷破坏主要由于同步注浆量总量过大,或者短时间注入量过大,造成注入压力持续过大,大于盾尾密封的密封压力,击穿盾尾,形成渗漏通道,渗漏的砂浆导致尾刷板结失去弹性。同步注浆压力过大造成盾尾多次渗漏是第 2 次更换盾尾刷的主要原因。尾刷内砂浆固结如图 8-46 所示。

图 8-46　尾刷内砂浆固结

(3) 保护板变形、断裂

此类型尾刷破坏主要集中在盾尾间隙长期过小的部位,表现为尾刷结构压平,上保护板失去弹性和部分保护板发生断裂。分析原因,主要是自 205 环掘进以来,盾尾间隙右下和左上位置间隙一直在 5cm 左右,盾尾间隙过小,导致对应位置尾刷长期受压屈服,轻则慢慢失去张合力,重则发生断裂破坏。尾刷钢板永久变形和断裂如图 8-47 所示。

(4) 尾刷基座底板翘曲

尾刷底板已发生较大的弯曲变形,经过分析,发生这种情况主要有以下两个原因:①盾构机始发前,此处尾刷底板中间未均匀涂抹玻璃胶或涂抹不充分,导致尾刷中部径向受力时发生变形;②从图 8-48 中可以观察到,尾刷底板后部螺栓孔为半圆形,当底板受到弹簧钢板的拉力时,不能有效地提供抗力,底板沿着纵向发生位移,产生变形。建议以后选择时可以考虑底板后部为闭合圆孔的尾刷,或选择全部焊接形式。

图 8-47 尾刷钢板永久变形和断裂

图 8-48 尾刷基座底板翘曲

(5)尾刷全破坏

在 B3 块管片拆除后,发现对应位置尾刷钢板断裂数量高达整块管片覆盖尾刷的 1/3,其中最为严重的为 11 号液压缸第 1 道尾刷位置,此处连续两块刷前保护板、后压紧板及尾刷全破坏(图 8-49),形成了渗漏通道,并且在尾刷根部位置发现较硬的砂浆块。分析原因,认为是在尾刷未破坏之前,同步注浆压力过大导致砂浆进入尾刷结成砂浆块,油脂无法将砂浆块从腔室内挤出,反而将砂浆块往尾刷根部挤压,而右下盾尾间隙又很小,导致尾刷根部集中受力,最终使得尾刷钢板全部断裂,钢丝刷无保护后被油脂及砂浆破坏。

2)尾刷优化及应用效果

根据隧道左线尾刷使用情况,对尾刷结构及安装方式进行优化设计。

图 8-49 尾刷结构全破坏

(1)尾刷制造

针对长距离隧道掘进,盾尾刷前保板增加一层,至 3 层,确保长距离施工需求;保护板采用优质 65Mn 弹簧钢板,通过特殊热处理方式去除内部应力增强韧性,硬度控制在 HRC43°～48°范围内,确保材料的耐磨性与韧性处于最佳状态,避免保护板出现疲劳断裂或异常磨损。单片 8mm 间隙连续 1000 次冲压无裂纹,角度变化≤5°。基座底板长度由原 395mm 缩短至 170mm,增强基座稳定性。

钢丝采用定制型特殊不锈钢丝,通过盐雾测试,56h 不出现锈斑,确保海域施工过程中的防腐蚀性能。钢丝抗拉强度≥1800MPa,整体性能优于国家标准 202C 不锈钢丝,100mm 长的钢丝,50N 拉力释放后回弹量≥5mm。

最后一道弹簧钢板结构形式不变,增加两层 0.6mm 弹簧板,由 10 层增加至 12 层,增强最后一道盾尾腔室密封效果。

针对刀盘直径增大,止浆板由原 140mm 延长至 180mm,倾斜角度由 120°改为 135°,弹簧板由 4 层 0.6mm 更改为 4 层 1mm,增强止浆板抗变形能力。

优化后尾刷结构形式如图 8-50 所示。

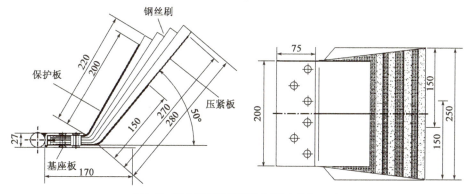

图 8-50 优化后尾刷结构形式(尺寸单位:mm)

(2)尾刷安装

尾刷基座取消螺栓孔布置,采用全焊接方式,将4道盾尾刷与盾体结构焊接,增加尾刷基座的稳定性以及基座与盾体内侧贴合度;盾尾刷安装过程中采用手持小型千斤顶将各分块挤进,确保分块连接紧密,保证盾尾刷搭接长度。

卡纳普里河底隧道左线施工全过程曾出现多次盾尾渗水漏浆、漏油脂情况,共进行4次尾刷更换,平均每环消耗盾尾油脂1.5桶;隧道右线采用优化后盾尾刷及安装方式,未发生一次渗漏水及砂浆情况,且全线施工完成未进行过尾刷更换施工,同时盾尾油脂消耗量降低至0.8~0.9桶/环,大大节约了施工成本,有效保障了盾尾密封效果。右线贯通后尾刷状态如图8-51所示。

图8-51 右线贯通后尾刷状态

3)盾尾油脂管理

手涂盾尾油脂选择质地稍硬的89号康达特盾尾油脂,分层涂抹,将盾尾油脂塞入尾刷底部,必须在盾尾刷于盾尾折角位置充填饱满。同时在手涂盾尾油脂过程中必须严禁盾尾油脂抹油,防止在盾尾油脂表面形成隔离层,使得在盾尾油脂之间形成通道,造成盾尾泄露。

隧道掘进过程保持3道油脂腔室压力梯度:第3道腔最靠近地层,压力不仅要大于该处的地层压力,掘进过程中还要大于同步注浆的压力,确保同步注浆不会进入盾尾油脂腔内;第2道油脂腔压力按照切口压力或0.5MPa进行控制;第1道腔靠近盾尾内部,满足腔室内油脂充填饱满要求即可,减缓盾尾刷的磨损。

8.5.3 总结

右线尾刷的使用情况证明优化后盾尾刷更适用于本项目施工要求,加强后的尾刷上保板具有更高的耐磨性,右线隧道全线施工完成未进行尾刷更换。

相比左线前两道栓接式尾刷,前两道焊接式的尾刷更加实用,焊接式尾刷密封效果及贴合效果更好,减少了使用过程中的起拱可能。

但栓接式尾刷更换方式更加方便,只需将尾刷四角的螺栓拧下即可进行更换,而焊接式尾刷则必须通过碳刨的方式将原尾刷取下,大大增加了尾刷更换的时间。在 2.5km 隧道长度范围内,中途不考虑尾刷更换的情况下,尽可能使用焊接式尾刷,确需进行中途盾尾刷更换时则应使用栓接式尾刷来减少尾刷更换时的风险。

8.6 本章小结

根据施工环境、地层条件、资源匹配等各方面原因,综合进行衬砌管片设计、盾构机选型及掘进参数控制,有利于减少管片裂缝、控制盾构机掘进姿态;对盾尾圆度不定期监测,根据盾构机推力变化研究刀盘刀具磨损情况,通过注入油脂量以及盾尾有无渗漏对盾尾刷使用情况进行评估,确保盾构机处于可控状态,提前处理可能发生的各项隐患,避免发生盾构机大修,出现对成型隧道及盾构机安全的施工风险。

第9章

CHAPTER NINE

项目回顾与大直径盾构技术展望

9.1 大直径盾构施工关键技术重难点思考

随着交通网路的扩大更新发展与技术的升级,盾构隧道也在不断挑战新的直径范围,大直径盾构隧道的发展,基于小直径盾构的技术经验积累,不仅仅是小直径隧道的扩大版。与传统小直径盾构隧道相比,大直径盾构隧道施工面成倍地扩大,因而,大直径盾构隧道的始发、接收、内部衬砌、支护施工、盾构掘进、病害处理等均是成倍增长的技术难题,许多小直径盾构隧道已经解决的技术难题在大直径盾构中依旧需要去技术攻关,克服难题。

9.1.1 钢套筒协同端头处置技术

大直径盾构隧道施工始发过程中遇到不良地质地层,最易出现的施工灾害是涌水、涌砂,危险性极高,破坏力巨大,如何减小大直径盾构隧道始发突涌问题至关重要;同时接收也是施工中的重难点,施工风险极大,采用端头加固配合降水施工等综合处理手段虽然可以有效提高接收段土体强度并降低渗漏突涌的可能性,但大直径盾构接收时,开挖洞径大、泥水仓压力大且满仓泥水体量大,突涌风险依然很高。

在本项目应用前,大直径盾构中尚未有过采用钢套筒始发、接收的工程案例。与传统始发和接收技术相对比,钢套筒始发和接收技术建立了一个完全封闭的盾构机始发和接收环境,只要密闭措施得当到位,对环境的影响就会较小。该技术通过在钢套筒中模拟盾构掘进的土体环境和条件,将盾构最危险的始发和接收阶段从土层中搬离到人为控制安全的钢套筒之中。在钢套筒始发和接收中,不会存在涌水涌砂、水土流失的问题。相比小直径钢套筒,大直径钢套筒所保障的切口压力、盾构推力、密封性能等指标更高,钢套筒自身的功能、结构和辅助设计要求更高。由此可以看出,钢套筒辅助盾构始发和接收技术具有广阔的应用空间,对其详细研究是有意义的。

常见的端头加固方法主要有注浆法、深层搅拌桩、高压旋喷桩、冻结法、素混凝土地下连续墙(钻孔灌注桩)以及降低地下水位等工法。常规盾构进出洞辅助施工工艺包括端头处置始发和干接收、端头处置水下接收和钢套筒始发和接收。本项目为端头加固、降水、冻结和钢套筒等辅助盾构进出洞措施的综合运用,总结出适用于本项目或类似项目的最优化建议是采用钢套筒+U形素混凝土墙施工,既能保障安全系数,还能节约成本。大直径钢套筒在富水砂层大直径泥水盾构中应用属于国内外首次案例,本项目在盾构始发和接收过程中均使用了钢套筒并辅助采用端头加固措施综合运用,且在进出洞过程中未发生任何安全或技术事故,施工质量优,表明大直径端头加固措施辅助钢套筒始发、接收在富水粉细砂大直径盾构施工中的应用是行之有效的。

盾构始发、接收是隧道建设工程的关键环节,钢套筒辅助技术是关键环节中的新型工法。在始发、接收过程中,钢套筒筒体力学性能表现较为复杂,监测试验难度较大,涉及的领域与知识面较宽,相关研究仍需要在理论与实践中不断探索与创新,如钢套筒接缝对钢套筒力学性能及安全施工的影响研究、钢套筒筒身螺栓强度及力学特性在施工中的变化规律研究、钢套筒筒体肋板对筒体结构影响、钢套筒结构优化分析研究、建立一套完整的钢套筒设计标准等。

9.1.2 盾尾间隙自动测量技术

传统的盾尾间隙监测方法主要为人工测量和接触式自动监测系统。该方法受人为因素影响大,误差难以避免,难以做到稳定、连续、准确的测量。而各类监测系统安装位置在盾尾处,长期使用易遭受盾尾壁与管片挤压损毁,同时受到盾尾油脂等影响,实际运用效果并不理想。

本项目在总结前人经验的基础上,对一种基于机器视觉双十字激光器标定的非接触式智能监测系统进行了研究,创新性监测方法使系统硬件可安装在盾尾筋板表面,安装空间充足并且不会受到安装环境的影响;同时,硬件系统拥有抗震、防水、防尘的机械结构,能有效适应盾尾工作环境。监测时,技术人员在盾构机司机室使用客户端软件即可完成对盾尾间隙值实时监测。本盾尾间隙智能监测系统的应用,不仅实现了对盾尾间隙这一关键技术参量的精确性和实时性测量,也为管片选型与后续施工提供了数据支撑与技术参考。研发盾尾间隙自动化测量系统,通过现场应用,实现对盾尾间隙的实时监控、预警,对节省本项目人力成本、提升施工效率、综合控制成型隧道质量和盾构掘进姿态起到关键作用。

9.1.3 管片自动选点系统

隧道施工的根本目标是利用衬砌管片建设一条稳定、平滑、质量良好的隧道,以期能按设计精确完成铺轨,保证后期配套作业可以按设计精确施工、保证后期隧道运营期间不渗不漏。因此,在整个施工过程中,建环是与掘进同等重要的步骤。而管片选型则是建环重要的指导依据。

现有管片拼装点位主要依靠人工选取,而项目参与管片选点的人员,存在认知水平和施工经验差异，人员经验不足时，很难考虑周全，且容易主次因素不分；参与选点人员的理念各不相同，又会造成管片选点理念缺乏连续性；同时，人工选点通常仅能定性分析，过于依赖决策者的经验，而缺乏准确的数据支撑。综上原因所致，当前项目现场管片点位选型效果不佳，给成型隧道质量和盾构机姿态控制均埋下巨大隐患。

依托本项目管片自动选点系统的开发使用将成熟的人工管片选点逻辑和经验根植于管片选型决策算法的内核，以影响点位选择的施工参数为研究对象，提出了综合考虑盾尾间隙、推进液压缸行程差和盾构机趋势的点位计算方法和决策算法，确定了管片选点各影响因素的权重分配，充分考虑了各影响因素在现场不同施工工况下的权重变化，基于综合加权得分推荐最优拼装点位。该软件在盾构隧道施工中配套使用，可实现通用型管片当前环拼装点位自动选择，起到规范或代替人工管片选点施工、保障成型隧道质量和盾构掘进姿态的作用。

9.2　盾构隧道施工建造技术创新展望

9.2.1　隧道创新设计

随着国内城市基础建设的快速发展，围绕跨海越江通道规划，采用盾构法建设的水下隧道面临直径更大、埋深更大、距离更长以及地质条件更加复杂的情况。同时，在新时代节能减排、绿色环保理念的提倡下，有必要对大直径盾构新型隧道结构设计、大直径盾构选型设计以及新型地层加固处置方式开展研究，整体提升大直径盾构修建的设计水平。

故结合本项目实施的经验教训提出以下思路，供读者参考。

（1）新型隧道结构设计施工技术：新型管片结构形式设计；新型管片生产工艺研究；新型管片拼装质量控制标准建立；新型管片防水体系设计。

（2）盾构设计选型及关键工艺、设备改造技术：超浅埋或无工作井式盾构结构及后配套台车设计；超大直径盾构常压刀盘、刀具配置及应用技术；超大直径盾构刀具磨损检测分析及预警技术；盾尾密封实时监测及渗漏预警技术；盾构掘进同步双液注浆及壁后注浆智能检测技术。

（3）复杂环境大盾构施工技术：既有建构筑物超前、微扰动加固技术；大盾构掘进地层沉降控制技术；联络通道机械化修建技术；盾构长距离掘进地中对接及洞内拆装设计。

9.2.2 隧道智能建造

现今,中国已成为世界上盾构隧道工程建设规模最大、数量最多、难度最高的国家,不仅仅体现在隧道长度、埋深和断面直径上,建设难度和技术创新也达到了新的高度,开挖、支护、衬砌和辅助功法均已达到国际先进水平。全世界盾构隧道施工技术革新主要还是集中于机械本身,现代盾构掘进机集成了多种现代技术,属于技术密集型产品。

目前中交第二航务工程局有限公司盾构隧道施工积累了较为丰富的经验,已基本掌握了盾构隧道各主要分部分项工程的常规施工工艺,然而整体信息化施工水平有待提高,特别是在新型盾构掘进设备研发及施工应用与行业整体发展水平存在差距,在新型辅助加固工法的推广应用特别是新式注浆工艺和注浆材料方面研究有待加强。目前,国内盾构隧道施工技术及整个产业链发展已经日趋完善,国内关于超大、超深型盾构施工技术日新月异,对开挖面的稳定性控制、盾构机的始发和到达技术、变形监测及信息化反馈水平提出了更高的要求,需要开展新的进出洞技术、长距离施工、地中对接技术、扩径盾构施工、急曲线施工法及异形截面隧道开挖等方面的研究,以满足未来盾构施项目特殊的工程要求。

围绕《2020—2035过江通道建设规划》,有必要研究盾构法修建跨海越江通道施工和运维技术,主要针对长江流域、黄河流域、珠江水系及其他大型内陆河流所在城市过江交通枢纽建设需要,结合各地区地域性特点和实际建设条件,提升高水压、不同类型复合地层及复杂周边环境下大直径盾构隧道修建技术,力争在国内大盾构施工领域实现行业领先水平。同时,面向国家智能建造与建筑工业化发展的需求,围绕结构理论、结构形式、预制装配化建造工艺、工程装备,信息化技术等方面开展研究,并推广应用于实际工程,不断提升地下结构建造效率与质量,逐步实现装配化、信息化、智能化,进一步提升公司在地下工程领域的建设能力与核心竞争力,向智能化建造及国际领先水平阔步迈进。

近年来,先进的感知技术、大数据、深度学习、控制技术等新一代信息技术的迅猛发展,为装备制造业带来了深刻变革。随着新一代技术的逐步应用,盾构已从原先的人工操作发展到部分智能化。

在盾构作业环境方面,可研发超前地质预报、在掘掌子面岩土体智能感知、出渣管理与围岩评价等地质环境智能感知系统;在盾构机设备方面,建立了刀盘刀具状态监测、盾尾密封状态监测、土舱可视化、主机振动监测等设备智能感知系统;在盾构机智能决策方面,依托掘进机云平台挖掘地质环境与掘进机掘进参数间的映射关系,特别是地层变化或复杂地质条件下岩机参数映射规律与匹配方法,建立隧道掘进参数预测、智能导向、智能支护、故障诊断与预测等模型,可研发多模态神经网络控制系统,实现掘进参数的优化与决策;在自动执行方面,刀具监测与换刀机器人、管片安装机器人也可进入研发阶段。尽管在盾构机智能化研发上取得了一些进步,但在智能感知终端方面,开发在恶劣工况下具有高稳定性、耐久性、高精度的智能感知终端,仍是未来的重要工作之一;盾构机是多系统耦合的复杂系统,在自动执行环节,实现各系统、各类机器人的任务智能规划与协调方面,仍然面临巨大的挑战。

智能化盾构机是从感知-大数据分析-决策-执行整体链条上的智能化,因此,如何将新一代信息技术有效应用于盾构机,开发研制出智能化盾构机,实现整体设备的智能感知、智能施工、健康管理等,将成为隧道工程领域的重大技术挑战和未来的行业竞争热点。智能建造技术展望见表9-1。

智能建造技术展望 表9-1

学科方向	方向研究点
盾构隧道	盾构智能规划技术:①盾构隧道与地下商圈串并联技术;②智慧海绵城市盾构法修建技术;③地下超级高铁隧道设计技术;④盾构隧道线路人工智能规划技术;⑤以城市轨道交通为基础的公共交通一体化研究
	盾构智能设计技术:①自愈型盾构隧道技术;②超高水压大埋深超长海底盾构隧道设计技术;③新型管片设计制造技术;④新型盾构设备制造技术;⑤隧道开挖新型辅助破岩设备;⑥地下管线及障碍物非开挖无损探测技术
	基于大数据的盾构掘进智能分析及控制技术:①盾构隧道施工参数自动化采集技术;②超大直径盾构机设计选型关键技术及核心后配套装备研发;③基于大数据的盾构施工参数智能分析控制技术;④盾构施工姿态及成型隧道质量自动控制技术;⑤盾构的新型控制系统及控制软件技术;⑥盾构隧道管片自动化拼装控制技术
	盾构施工信息集成反馈平台和风险远程智能诊断预警技术:①盾构隧道施工风险预警分级长距离标准研究;②盾构施工信息集成反馈及风险诊断预警平台研发;③顶管/盾构掘进参数与周边环境响应联动控制数据平台;④盾构隧道施工参数自动化采集技术
	盾构病害处理技术:①三维激光扫描自动识别衬砌病害;②风险管理及病害综合处置;③大断面隧道结构防水体系及渗漏封堵

9.2.3 盾构自动控制

掘进系统主要由刀盘、推进、排渣等子系统构成,对于其控制模型的研究,最初都是以试验为手段或建立经验模型。自盾构机的自动控制技术问世以来,发展至今已经取得了很大进展,但由于盾构掘进装备的开发综合性,它结合了机械、土木、力学、控制、电气、材料和信息等多学科,实现盾构机的高度自动化智能化控制技术还要面临很大的难题。

掘进系统协调控制是盾构系统动态平衡控制的基础,为了保证在施工过程中控制各个系统的施工参数,须预先设置现有的压力值。然而,由于现有盾构机各子系统多数都是靠手动调节,且是相互独立工作,这种方式具有一定的滞后性。根据密封舱压力是由推进、刀盘和排渣等各子系统相互耦合作用所决定的,因此,为了实现密封舱压力的高精、高效控制,这就要求盾构机掘进系统采用多子系统的协调控制策略,从而实现最优化调整。

盾构机自身是由推进系统、刀盘系统、排渣系统、管片拼装系统、监控系统等各子系统信息的实时检测、通信和控制,从而实现有效的工作。然而由于盾构机自身带有多驱动源、多组成单元、多执行元件、功率变化大的特点,这就要求在建立掘进控制系统时必须以高性能、低能耗和低成本为目标。因此,要进一步研究多源驱动系统参数、盾构机控制性能和系统效率的相关关系,以及系统控制参数、过程变量与能耗的映射规律等,在此基础上,设计以掘进性能、节能为约束条件,适应不同地质情况的集掘进装备实时检测、信息融合和协调控制于一体的集成优化控制系统,这也是盾构机未来发展的趋势。

9.2.4 多模式盾构设计

随着我国隧道建设规模的不断扩大,在一些长大隧道施工中,地层复杂多变,隧道可能穿越软硬不均、硬岩、孤石、断裂破碎带和水底浅覆土等多种地层,面临局部高水压极端地质、高地应力、软岩大变形等多种不良地质。从施工安全、技术难度、工期、成本及环境保护等方面考虑,传统的单一模式盾构工法无法应对复杂多样的挑战,能够实现多种工法掘进的多模式隧道掘进机的研发需求日益迫切。

当前国内已经对多模式掘进机开展了初步研究工作。多模式 TBM 具有闭式 TBM、土压平衡、泥水平衡 3 种掘进模式,兼具护盾式 TBM 和平衡式盾构的优点;具有两种出渣模式,两种模式共存,两种模式可以相互切换。多模式 TBM 一般仍以单护盾形式为主,保证了主要掘进功能,在隧道绝大部分区间采用此种模式施工,提升掘进效率,降低刀盘、刀具磨损,降低单位掘进长度人员进舱换刀频次与施工风险,以适应长距离隧道高效掘进;同时,因为是具有盾构功能的多模闭式 TBM,可以在地层发生突泥突水时,迅速隔绝土舱,转换为土压或泥水平衡模式带压掘进施工。模式转换过程无须人员进舱、无须拆装任何部件,抗风险能力强,能够适应不同地层的掘进要求。随着国家一批大直径隧道、海底长大隧道的建设,采用多功能、多模式 TBM 工法施工成为新一轮长大隧道建设的发展趋势。

9.2.5 量子技术智能探测

量子技术是近年来新兴的、快速发展中的技术领域,随着技术的进一步发展,基于量子力学原理的传感技术有望应用在工程领域。微重力测量技术是基于地球引力场研究不同岩性密度变化来解决一些特殊地质问题的勘探方法。目前微重力探测技术受到一系列振动等外界因素的限制,可能会漏判某些不良地质情况。

采用量子物理学方法来检测微重力的变化,能够获得高精度高灵敏度的测量结果。随着科技的发展,基于量子传感技术的测量结果会更加准确和清晰。今后盾构穿越复杂地质情况的区间地层时,可应用该项技术探明前方不良溶洞等不良地质情况,提前做出准备,提高盾构掘进施工安全及施工效率。

参 考 文 献

[1] 夏占波.盾构始发接收端头旋喷加固施工技术[J].建筑机械,2019,6:104.
[2] 冯欢欢,王助锋.流砂地层盾构始发土体加固盐水冻结技术研究[J].施工技术,2015,44(21):88.
[3] 杜宝义,宋超业,贺维国,等.一种跨海地铁隧道盾构始发端头加固方法[J].隧道建设,2017,37(6):761.
[4] 尹华成,张利勇.富水圆砾地层中盾构始发、接收技术研究[J].石家庄铁道大学学报(自然科学版),2018,31(S1):76.
[5] 李晓生.钢套筒辅助技术在透水卵石地层泥水盾构接收中的应用[J].铁道勘察,2018,44(3):126.
[6] 王吉云.近十年来中国超大直径盾构施工经验[J].隧道建设,2017,3:85.
[7] 陈鹏.大直径泥水盾构大坡度始发关键技术研究[J].施工技术,2018,47(21):58.
[8] 鞠义成,袁立斌,杨钊,等.南京纬三路过江通道超大直径泥水盾构始发关键技术研究[J].隧道建设,2015,35(1):72.
[9] 徐会斌,李彧,李博.富水砂卵石地层条件下土压平衡盾构全套筒密闭始发技术[J].施工技术,2018,47(13):50.
[10] 廖先江.盾构隧道采用钢套筒始发下穿既有线施工技术[J].现代城市轨道交通,2018,1:26.
[11] 夏晨欢.盾构进洞钢套筒施工技术的研究[J].建筑施工,2013,35(1):69.
[12] 李建平,叶丽君.承压水砂性地层中盾构钢套筒始发技术应用[J].市政技术,2017,5:96.
[13] 陆鹏程.钢套筒结构安全性分析及其在盾构接收中的工程应用[J].中国市政工程,2017,6:69.
[14] 陈家康,刘陕南,肖晓春,等.复合地层中超大直径泥水盾构施工开挖面泥水压力确定方法研究[J].隧道建设(中英文),2018,38(4):107.
[15] 廖少明,门燕青,赵国强,等.盾构接收中钢套筒的受力变形特性与实测分析[J].岩土工程学报,2016,38(11):1948.
[16] 周逸凯.土压平衡盾构始发钢套筒受力变形特征与土体扰动分析[D].北京:北京交通大学,2018.

[17] 江玉生,王春和,江华,等.盾构始发与到达:端头加固理论研究与工程实践[M].北京:人民交通出版社,2011.

[18] 赵运臣.盾构始发与到达方法综述[J].现代隧道技术,2008(S1):86-90.

[19] 徐锦斌,王锋,傅聪,等.水泥系与垂直冻结法在武汉地铁盾构接收中的组合应用[J].隧道建设(中英文),2019,39(S2):358-365.

[20] 杨涛.富水圆砾地层盾构隧道端头加固优化设计研究[J].现代隧道技术,2020,57(06):78-85.

[21] 翟志国,花楠,刘柳.软弱富水地层超深竖井多台大直径泥水盾构快速接收技术[J].隧道建设(中英文),2021,41(02):283-292.

[22] 夏洪波.富水砂卵石地层长时间降水段大直径盾构施工技术[J].国防交通工程与技术,2020,18(01):61-64.

[23] 安宏斌,怀平生,白晓岭,等.无端头加固条件下土压平衡盾构水下接收施工技术[J].隧道建设(中英文),2019,39(10):1697-1703.

[24] 吴镇,耿传政,王磊.富水卵石层土压平衡盾构水下接收技术[J].隧道建设(中英文),2018,38(12):2040-2045.

[25] 刘开扬,彭文韬,苏长毅,等.高承压水头土压平衡盾构水下接收技术[J].施工技术,2020,49(19):75-78,82.

[26] 唐忠.泥水盾构深井下组装始发与到达施工技术[J].隧道建设,2006(04):37-39,71.

[27] 李文,袁天海,郭谱.地铁盾构钢套筒接收施工技术方案研究[J].施工技术,2016,45(11):76-79.

[28] 伍伟林,朱宏海,邹育,等.盾构钢套筒始发和接收关键技术研究[J].隧道建设,2017,37(07):872-877.

[29] 何源,杨钊,杨擎,等.孟加拉卡纳普里河水下隧道大直径泥水盾构钢套筒始发关键技术研究[J].隧道建设(中英文),2020,40(03):426-434.

[30] 王健.盾构到达钢套筒辅助接收系统的改进设计及施工[J].现代交通技术,2014,11(4):59-62.

[31] 陈珊东.盾构到达接收辅助装置的使用分析[J].隧道建设,2010,30(4):492-494.

[32] 李晓生.钢套筒辅助技术在透水卵石地层泥水盾构接收中的应用[J].铁道勘察,2018,44(03):126-131.

[33] 杨志豪,丁鹏飞,邹光炯.重庆地铁暗挖车站盾构过站方式研究及实践[J].隧道建设(中英文),2021,41(02):267.

[34] 姚燕明,胡新朋,李发勇,等.狭窄空间内可拆解式盾构过站施工技术及应用——以宁波火车站为例[J].隧道建设(中英文),2020,40(07):1035.

[35] 杜闯东,张杰,吴乐斌.以色列特拉维夫地铁红线先隧后站施工技术应用[J].隧道建设(中英文),2020,40(04):562.

[36] 王爱军,胡建林,何梁,等.地铁车站密闭空间盾构机暗调头施工技术[J].科学技术创新,2020(12):63.

[37] 覃建庭.密闭式车站盾构机平移调头施工技术研究与应用[J].施工技术,2015,44(S1):308.

[38] 王吉云,魏林春,袁风波,等.φ15.43m超大直径盾构整体平移及调头施工技术[J].施工技术,2014,43(S1):394.

[39] 崔现慧,卢军广.盾构移位调头时钢珠型重载移动装置的应用[J].建筑机械化,2010,31(10):70.

[40] 王镇春,韩亚丽.南京地铁玄武门站盾构机调头技术[J].隧道建设,2003(06):31.

[41] 杨育僧,肖瑞传.盾构机在地下洞室内的调头[J].现代隧道技术,2008(03):74.

[42] 丁志诚,杨启本.超大直径盾构机进洞后原位调头及平移方法[J].城市道桥与防洪,2007(09):68.

[43] 高如超,贺创波,刘文.某城市轨道交通停车场新增接车与调试功能分析研究[J].现代城市轨道交通,2021(01):87-90.

[44] 刘华,何源,钟涵,等.滨海地区富水粉细砂层大直径泥水盾构钢套筒接收关键技术——以孟加拉卡纳普里河底隧道工程盾构段为例[J].隧道建设(中英文),2021,41(07):1225-1233.

[45] 谭啸峰,许超,杨志勇.土压平衡盾构下穿密集建筑群加固方案优选[J].中国港湾建设,2018,38(10):56-59,74.

[46] 郑龙威,刘文,杨志勇,等.富水卵漂石地层盾构设备适应性改造技术研究[J].中国港湾建设,2021,41(08):65-70.

[47] 熊栋栋,陈祥龙.渣土泵送技术在土压平衡盾构机分体始发中的应用[J].城市轨道交通研究,2021,24(10):102-107.

[48] 刘东军,刘维佳,许超,等.垂直冻结技术在佛山地铁2号线抢险修复工程中的应用研究[J].现代隧道技术,2021,58(01):212-216.

[49] 刘文,杨志勇,刘东军,等.城市轨道交通工程施工安全事故聚类分析[J].科学技术与工程,2021,21(07):2982-2988.

[50] Wang Shuying, Liu Pengfei, Gong Zhenyu, et al. Auxiliary air pressure balance mode for EPB shield tunneling in water-rich gravelly sand strata: Feasibility and soil conditioning[J]. Case Studies in Construction Materials, 2022, 16.

[51] Song Xiangshuai, Xiong Dongdong. Study on Surface Settlement Law of Shield Construction in Mudstone Stratum[J]. IOP Conference Series: Earth and Environmental Science, 2021, 783(1).

[52] Han Xiaoming, Zhu Jinpeng, Zhang Feilei, et al. Research on Key Technology of Integral Translation and Rotation of the Large-Diameter Shield and Steel Sleeve in the Underwater Tunnel of the Karnaphuli River, Bangladesh[J]. IOP Conference Series: Earth and Environmental Science, 2021, 783(1).

[53] Han Xiaoming, Zhang Feilei, He Yuan, et al. Research on Deformation Treatment and Control Technology of Tail Shield of Underwater Large Diameter Slurry Shield[J]. IOP Conference Series: Earth and Environmental Science, 2021, 783(1).

[54] Xiong Dongdong, Xu Chao, Song Xiangshuai. Test and Analysis of Velocity Law of Flowing Water in Stratum of Bottom Contact Passages in Shield River-Crossing Section[J]. IOP Conference Series: Earth and Environmental Science, 2021, 783(1).

[55] 何源,杨钊,杨擎,等.孟加拉卡纳普里河水下隧道大直径泥水盾构钢套筒始发关键技术研究[J].隧道建设(中英文),2020,40(03):426-434.

[56] 吴忠仕,贺祖浩,刘文,等.大直径泥水盾构始发钢套筒的防扭施工技术——以孟加拉卡纳普里河水下隧道为例[J].隧道建设(中英文),2020,40(S1):321-326.

[57] 袁立斌,蔡超君,张飞雷.冷冻钢管片法更换盾尾刷技术的应用与研究[J].公路交通科技(应用技术版),2020,16(11):264-267.

[58] Liu Wei, Zhai Shihong, Liu Wenli. Predictive Analysis of Settlement Risk in Tunnel Construction: A Bow-Tie-Bayesian Network Approach[J]. Advances in civil engineering, 2019, 01, 2045125.1-2045125.19.

[59] 高如超,孔茜,刘毅.南湖区间泥水盾构盾尾刷更换技术[J].施工技术,2019,48(03):88-90.

[60] 袁立斌,刘杰,赵宏,等.富水卵漂石地层盾构滚刀磨损规律及寿命预测分析[J].隧道建设(中英文),2019,39(10):1712-1719.

[61] 胡乘恺,何源,孙国华,等.富水砂层泥水平衡盾构钢套筒接收技术[J].施

工技术,2019,48(12):60-63.

[62] 何源,钟涵,许超.大直径泥水盾构始发钢套筒设计及变形可控研究[J].施工技术,2019,48(S1):715-718.

[63] 贺创波,许超,陈培帅,等.TU4粉细砂地层盾构接收井开挖对周边环境的影响分析[J].中国水运(下半月),2019,19(05):219-221.

[64] 高如超.基于BIM技术的轨道交通建设安全风险管理信息系统建设的探讨[J].电子测试,2018(11):131-132.

[65] 熊栋栋,杨钊,廖正根.地铁深基坑钢支撑预加轴力分析[J].地下空间与工程学报,2018,14(04):1049-1055.

[66] 刘国栋,袁冯丹,许超.软土地层盾构穿越密集房屋群水平定向注浆加固技术[J].隧道建设(中英文),2018,38(07):1228-1235.

[67] 谭啸峰,刘东军,杨志勇,等.采用声纳技术检测隧道管片壁后渗流的试验研究[J].现代隧道技术,2020,57(04):158-162.

[68] 杨钊,李德杰,闵凡路.泥水盾构泥膜破坏实验及颗粒流数值模拟研究[J].科学技术与工程,2017,17(19):225-230.

[69] 施瑾伟,杨钊,杨擎,等.注浆止水技术在高水压强渗透地层盾尾刷更换施工中的应用[J].现代隧道技术,2015,52(04):190-194.

[70] 翟世鸿,杨钊,鞠义成,等.泥水盾构泥浆潜水带压进舱作业技术研究[J].现代隧道技术,2015,52(04):179-183.

[71] 姚占虎,杨钊,田毅,等.南京纬三路过江通道工程关键施工技术[J].现代隧道技术,2015,52(04):15-23.

[72] 吴忠善,杨钊,杨擎.复杂地质条件下的超大直径泥水盾构带压换刀技术研究与应用[C].水下隧道建设与管理技术论文集,2013:315-324.

[73] 赵文政,杨钊.南京纬三路隧道泥水盾构始发建舱技术[J].现代交通技术,2013,10(03):61-63.

[74] 董汉军,谭啸峰,杨钊,等.广州"红层"地质盾构机滚刀磨损与掘进参数特性分析[J].中国港湾建设,2013(04):11-14.

[75] 鞠义成,杨钊,翟世鸿,等.超大直径浅覆土泥水盾构隧道始发关键技术[C].水下隧道建设与管理技术论文集,2013:297-308.

[76] 吴忠善,杨钊,杨擎.复杂地质条件下的超大直径泥水盾构带压换刀技术研究与应用[C].水下隧道建设与管理技术论文集,2013:315-324.

[77] 杨钊,翟世鸿,吴忠善,等.高水压强渗透地层更换盾尾刷技术[C].水下隧道建设与管理技术论文集,2013:325-329.

[78] Yang Zhao, Yang Yanhua. Research on Arranging Originating Base of Nanjing Weisan Road Tunnel[J]. Applied Mechanics and Materials,2012:256-259.

[79] 黄威,任梦,陈培帅,等.盾构水平姿态的理论分析模型[J].隧道建设(中英文),2022,42(01):83-89.

[80] 唐冬云,陈培帅,黄威.盾构隧道岩溶地层处理及掘进施工控制技术研究[J].中国水运(下半月),2018,18(08):215-216.